AF611344

ISBN 979-12-200-7674-6

Apologia di Cartagine

di Dario Torresi

ᚹᚢᚨᛚᛋᛁᚨᛋᛁ ᛋᛈᛁᚱᛁᛏᚢᚨᛚᛁᛏᚨ’, ᚲᚱᛖᛞᛖᚾᛉᚨ,
ᛖ ᚨᚾᚲᚺᛖ ᚱᚨᚷᛁᛟᚾᛖ, ᚾᛟᚾ ᛖ’ ᚲᚺᛖ
ᛚ’ᛁᛚᛚᚢᛋᛁᛟᚾᛖ ᛞᛁ ᚹᚢᚨᛚᚲᛟᛋᚨ ᛞᛁ ᛈᛁᚢ’ ᚷᚱᚨᚾᛞᛖ,
ᚲᛟᛗᛈᚱᛖᚾᛋᛁᛒᛁᛚᛖ ᛋᛟᛚᛏᚨᚾᛏᛟ ᛞᚨᛚᛚᚨ ᚡᛟᚷᛚᛁᚨ.

Rune

ᚡ f

ᚷ g

ᚢ u/v

ᚸ g

ᚤ v/y

ᚹ q/w

ᚦ th

ᚼ h/j/i

ᚩ o/a

ᚾ n

ᚫ ae

ᚿ n

ᚨ a

ᛁ i

ᛆ a

ᛃ j

ᚬ o

ᛇ oe/eo

ᚮ o

ᛠ ea

ᚱ r

ᛈ p

ᚲ k

ᛉ z/x/m

ᛍ c

ᛊ s

ᚴ k

ᛏ t

ᛒ b

ᚩ o

ᛖ e

ᛗ m

ᛚ l

ᛜ ng

ᛝ ing

ᛞ d

ᛟ o/oe

ᛦ y/r

ᚻ h

NE: “Com’è addormentarsi e non svegliarsi?”

Non **E**ssere.

Naturalmente, segue la domanda:

E: “Com’è svegliarsi senza mai essersi addormentati?”

Essere.

*... **NE-E-NE ...***

Questa vita ora, questa è l'Eternità. L'abbiamo già fatto prima.

Quando lasceremo questa vita, andremo in un nuovo luogo, poiché anche prima di essa eravamo in un luogo differente. I passi che i miei antenati hanno preso, l'umanità prima dell'umanità, il brodo primordiale dell'antica Terra, erano il trasformarsi e il cambiare, e tu... Tu hai sempre vissuto attraverso tutto questo. Questa ora è la corrente realizzazione della tua vita. Ora sei il tuo centro. Con la tua storia. Con il tuo nome.

Quindi eccoci qui, con certezza della morte e incertezza della vita. Ma nell'infinito, cosa mai può andare storto? Non ha importanza. Sta solo succedendo. Noi siamo l'aldilà delle stelle e del primo momento, ma non c'è davvero un aldilà. È solo l'accadere, lo scorrere e il soffio, dove tutto gravita nell'identità. Ogni forma di vita è un'identità che prova istinti e vibra. Si esprime il tutto attraverso essa, e attraverso i percorsi miglioriamo, andando sempre più avanti, tramite la memoria. Ma la nostra stessa personalità non è che un mero meccanismo di sopravvivenza, e l'ego solo un'illusione. Non sei separato dall'aria che respiri o dalla terra che calpesti, sei una semplice illusione per sopravvivere a questo. Esso non è il fondamento dell'esistere, ma solo una prospettiva dell'io. Noi siamo il bioprodotto del cosmo che danza. Un'orchestra nel teatro dell'Universo. Ma anche oltre le stelle, causa di causa di causa, si arriva al punto, allo sfondo del silenzio, in cui c'è... Il mistero.

L'Universo si è perso in sé stesso creandosi il mistero da solo, così da poter sfuggire da sé stesso. Quindi che differenza fa? Danziamo, perché nulla vuole restare da solo.

*... **E-NE-E ...***

Capitolo 1: Fuga

Luogo sconosciuto, 2052

Il mondo è completamente pazzo, orribile, e folle. Guerra. Distruzione. Odio. Catene. Sofferenza. Sono le prime parole che scrivo, ma sono le prime che mi vengono in mente. Ho iniziato e non intendo fermarmi. È l'unica cosa che posso fare. Dirò tutto ciò che penso, con la possibilità di essere scoperto. La verità è questa, siamo solo dei numeri, dei lavoratori, codici a barre. Prodotti di una società consumista e capitalista, che esegue ogni azione per un presunto bene comune che non è altro che il potere, la repressione del pensiero, la finzione. È tutta la stessa merda. Se ti svegli, magari in ritardo o in anticipo, non ha alcuna importanza, perché vai sempre di fretta, perché la tua vita già è organizzata. Dopo un minuto di derealizzazione, decidi di vestirti. Bevi un caffè che sa di bruciato ed ha un sapore orribile, lasciandoti lo schifo tra le gengive. 40 mg di caffeina, ogni mattina. Pronto, esci di casa, fai la stessa strada, utilizzi gli stessi mezzi di trasporto, vai negli stessi luoghi, vedi sempre le stesse persone, il cui sguardo non incrocia mai il tuo, ma anzi è sempre chino nell'assoluta alienazione. Le macchine sfrecciando sull'asfalto bianco ti iniettano nelle narici l'odore del candido catrame. Passano le ore, hai già bisogno di un'altra dose da 40 mg alle dieci del mattino, e di una ennesima dose a mezzogiorno. Talvolta più nicotina, se fumi, consapevole che ti farà venire il cancro ai polmoni, sperando dentro di te che accada, eliminandoti da quella routine. Il pranzo cambia a seconda della stagione e del giorno della settimana, ma ha sempre lo stesso procedimento. La bustina di sale, la bottiglietta d'acqua, il bicchiere di plastica bianca. Ovviamente, tutto è a pagamento. Finalmente stacchi, e fai la strada dell'andata al contrario. Sei stremato, prosciugato, come un panno che assorbe l'acqua da terra e che viene poi strizzato con forza, pronto ad essere riutilizzato finché non sarà inservibile. Arrivi a casa, ti levi le scarpe, allenti la cravatta. Pensi di sentirti libero per un secondo, realizzato, ed ecco che senti di nuovo l'ansia e lo stress, mescolato all'angoscia che ti ha preso da quando hai realizzato in che diavolo di mondo stai vivendo. Il mondo alla quale distruzione stai contribuendo giorno dopo giorno. Domani dovrai fare lo stesso di oggi, o potresti perdere la tua suddetta "vita". Ceni e prendi le tue pillole. Sono le nove di sera. Venticinque anni così e non ha molta importanza cosa mangi, tanto non ha più sapore: come la vita, il cibo diventa insipido.

Il mondo in cui viviamo ha un unico scopo: il denaro. I nuovi portafogli del secolo sono i codici bipolari. Qualsiasi cosa, dai profilattici, al cibo nei supermercati, al mobile di marca su un sito, alle sostanze stupefacenti, che siano alcaloidi o alcolici, viene acquistato tramite un codice scansionato. Tutti possiedono uno schermo, dividendo il mondo esterno e quello interno, e la cifra su quel codice definisce la propria condizione sociale. Si chiamano Online Coin, OC. Sono l'evoluzione delle cripto-valute e delle banconote. Sono immateriali, semplici onde che viaggiano da un satellite all'altro, ma il loro valore è sempre lo stesso: quello che gli diamo noi, accettando tutto ciò che ne consegue. «Siamo schiavi di qualcosa che nemmeno possiamo vedere. La nostra catena invisibile è un telefono, un codice e un conto online.» – mi ripetevi sempre, con voce flebile ma ribelle – «Basta così poco per controllare il mondo? Basta così poco per farsi controllare?». Andavo in treno e vedevo le facce di tutti rivolte verso il basso, accecati dalla luce che fissavano. I mezzi di trasporto erano affollati e silenziosi. Nessuno si confidava più con gli altri. Tutti restavano chiusi nei loro piccoli mondi fatti di cazzate inesistenti. C'era la sensazione costante di un malessere generale, che circondava ogni luogo in cui mi trovavo. Le poche volte che ero felice, ero circondato solo dalle persone che provavano il mio stesso scontento, durante le uscite nei giri la notte, senza scopo, lì a vivere insieme. Tutto questo, ovviamente, finché il virus del lavoro, sistema che si crea e si mangia da solo, colpì anche i legami affettivi. Passati gli anni ci separammo quasi tutti, o fummo separati dalle circostanze. Smettemmo di vederci, di stare insieme tutta la notte nella città vuota e silenziosa, diventammo sottomessi al controllo. Le risate, le urla e la libertà andavano sparendo. Dovemmo tutti seguire le nostre vite, le nostre bollette, i nostri mutui irresolubili. Le rate sulla nostra vita.

A seguito della totale coscienza di questi problemi, decidemmo di ribellarci, per tornare come un tempo, senza temerne le conseguenze. Abbiamo avuto il coraggio di fare qualcosa di reale: fuggire dall'illusione del controllo e dalla fobia di perderlo. Fuggire dal potere nelle mani dei potenti. Fuggire per creare un nostro luogo, per condividere insieme le nostre emozioni, per non fingere il benessere condiviso da tutti in una fittizia, apparente e ignorante collettività. Perché la gente che abita questo luogo e quell'altro non sa più neanche cosa vuole e se lo fa dire dagli altri, condizionandosi a comprare cose di cui prima non aveva bisogno. Diventandone dipendenti, è l'unica cosa capace di farle stare bene. Riempiono il loro vuoto interiore con dello stupido valore materiale, con delle conversazioni programmate o con ulteriori schermi e intrattenimenti. Non si guardano negli occhi, non conoscono il vero silenzio. Non hanno emozioni. Ero stanco delle anime corrotte, della sofferenza di popoli interi per errori e scelte dei governi, dell'ipocrisia, della ricerca di conferme, del caos delle copie, degli stessi lavori, degli stessi prodotti e dello stesso modello di vita. Creando una massa di consumatori hanno eliminato i ricordi, l'amore, la conoscenza, la ricerca, e hanno diviso le masse con l'ignoranza, aumentando il potere, il denaro e il controllo. Soggiogandole con canoni e preconcetti hanno vincolato la loro espressione. Volevo creare un luogo libero dalle etichette, dai conflitti. Volevo distruggere il peso che le persone portavano giorno dopo giorno. Volevo eliminare la schiavitù mentale. Volevo un mondo migliore. Volevo verità di vita. Fu il nostro atto esasperato alla ricerca della libertà estrema e di noi stessi, tutto ciò che ricordo da quando mi sono risvegliato, da quando mi sono reso conto che siamo in una trappola più sofisticata del previsto per essere compresa. «Come è possibile prendersi cura della propria anima se racchiusi in una vita che ci devasta? Come possiamo cambiare il mondo se non abbiamo coscienza?» – ripetevo sempre nei miei momenti di completa apatia.

Avevo i capelli lunghi, marrone scuro, e indossavo una felpa nera con il retro del cappuccio coperto da un simbolo della pace bianco, consumato dal tempo. Al collo pendeva una collana, un cristallo di ametista legato con una corda nera. Insieme a me partirono solo Connor e Faith, i rimanenti del mio gruppo, gli unici che tentavano di capire, come me, l'incasinato guaio in cui ci trovavamo.

Connor era sempre sorridente e solare. I suoi capelli ricci e le rughe contratte attorno ai suoi occhi chiari, riflettevano la sua somiglianza ad un'onda del mare. Si sentiva parte di un grande progetto, una piccola increspatura dell'acqua in un oceano burrascoso, e la cosa lo faceva sorridere sempre. Inoltre, cercava sempre nei miei discorsi, perché nessuno più di lui, eccetto me, attingeva alla verità, degli errori o delle contraddizioni.

Faith, dal canto suo, era intelligente e quieta. Era la persona più sveglia che conoscevo. Aveva sofferto molto come me, ma emanava un'aurea di tranquillità – «Sembra quasi che esistere e non esistere siano la stessa cosa bloccati qui, da queste catene invisibili» – diceva. I capelli erano castani come il suo animo. L'esplosione di marrone vicino la pupilla dei suoi occhi verdi mostrava il suo vero io. La prima volta che la vidi, quando Connor me la presentò, pensai distintamente che il suo sguardo mi ricordasse le montagne: un luogo dove il tempo è immobile, e tutto si muove. Un fiume di divenire. Quando le diedi questa definizione mi diede con ironia dell'illuminato. Avevamo gli occhi talmente simili che ci avresti scambiati per fratelli.

Mentre abitavamo ancora nella metropoli ero riuscito a crearmi un piccolo lavoro che mi sosteneva ogni mese. Uscivo con sconosciuti, e attraverso l'obbiettivo di una fotocamera, guardando la loro vita, immortalavo i loro momenti su pellicola digitale. Rendevo i ricordi degli altri un prodotto da comprare, nonostante potessero farlo da soli gratuitamente e nonostante la poca professionalità che ci mettevo. Cinquanta OC ad ogni sessione ed altri cinquanta alla consegna delle foto. Niente di che, non ci avrei pagato il mutuo della casa dove stavamo noi tre, ma perlomeno mi dava un minimo di soddisfazione, e con il lavoro degli altri due, in qualche modo ce la cavavamo. Nessuno era felice nella metropoli. Gli bastava ripetersi in testa che tutto andava bene. Se ne fregavano degli altri e si mostravano empatici e dispiaciuti solo quando succedeva qualcosa di brutto, sugli schermi o da qualche parte del mondo, per apparire bene agli occhi degli altri. Prendevano sul serio le promesse e le parole dei politici. Giudicavano e fingevano consumando. Alimentavano la loro routine di noia. Seguivano gli altri senza sapere dove stessero andando, senza pensare. Vivevano sugli schermi, non esistevano per loro le dimostrazioni o i fatti. La verità era diventata l'opinione. Faith era solita chiamare i cittadini come "dormienti". Connor, d'altro canto, pensava semplicemente che le persone fossero troppo spaventate, e non voleva giudicarle per questo. Ma per il resto, era arrivato alla conclusione che doveva seguirmi. Nelle ultime notti passate tra i palazzi abbandonati, io e lui cercammo di risolvere i nostri più grandi dubbi sull'esistenza, e avevamo trovato delle falle che non si risolvevano in alcun modo. Io e Faith, però, più che avere dubbi sull'esistenza in generale, avevamo solo molta nostalgia della casa celeste, la nostalgia di dormire sotto le stelle.

Quando decidemmo di partire, lei guidò per svariate ore, seguendo la mappa sul suo schermo. Sarà stato più o meno mezzogiorno, e con il sole alto, il vento entrava dai finestrini. Connor fumava, io stavo sdraiato sui sedili posteriori mentre leggevo, e della musica a basso volume usciva dallo stereo della macchina. «Sicura sia questa la strada giusta?» – chiesi – «Mi hai già fatto questa domanda un'ora fa. Sono sicura, e poi qui sei l'unico che non ha la patente. Fidati di me e del mio stupido telefono» – rispose, strizzando gli occhi e accendendosi una sigaretta – «Comunque manca poco… Tiri fuori il pranzo?» – «Non posso.» – dissi ridendo. Si girò a guardarmi, e Connor esclamò – «Sei collassato?» – buttando nel posacenere la sua dose momentanea di nicotina. Chiudendo il suo finestrino, ribadì – «Finché stucchi così tanta erba, direi che è normale» – ma io protestai – «Ha parlato quello che collassa sopra le siepi e si addormenta» – e adirato, alzandomi, tirai fuori dagli zaini il nostro pranzo. Le strade erano deserte. Non c'era un solo veicolo o una pattuglia.

Mangiammo i panini preparati il giorno prima, e Faith, una volta rifocillata, fece scorrere la mano sul vento – «Che bella sensazione». Connor, scoppiando a ridere, esclamò – «Ti immagini se sbatte contro un uccello e ti si spezza?» – e lei ritirò immediatamente la mano – «Dai, ora ho paura che succeda davvero!». Ridemmo all'unisono, e lei si infuriò – «Antipatici».

Uscendo dall'autostrada finimmo sullo sterrato in mezzo ad una prateria, circondata da querce. A destra si vedeva una fattoria che sembrava abbandonata, anzi, devastata. Considerando la distanza dalla metropoli, era comprensibile, e doveva essere ormai molto vecchia, forse più vecchia del Nuovo Partito.

«Voglio vederla» – affermò Connor. Faith fece manovra verso sinistra – «E se non facciamo in tempo?» – chiese con ansia – «Vorrà dire che ci multeranno per aver violato il coprifuoco, mi sembra ovvio» – risposi – «Abbiamo abbastanza OC?» – chiese di nuovo – «Nessuno ne ha mai abbastanza» – dissi, con tono sicuro. Dopo un minuto di silenzio, Connor esplose in una risata ironica – «Dai ragazzi, ho sempre voluto vedere come sono le prigioni in questo periodo!» – ma tranquillizzai gli animi, mentendo – «Faremo in tempo, vedrete». Parcheggiò la macchina, prendemmo gli zaini dal bagagliaio e ci incamminammo.

Un recinto in legno circondava uno spazio rettangolare di terra, dove stavano probabilmente gli animali, e accanto ad esso c'erano tre case di colore arancione e rosa illuminate dal sole, con un piccolo sentiero che passava tra le abitazioni, ed un grande campo di terra secca all'interno delle serre. Faith scorreva la mano sui muri, osservando lentamente il luogo devastato. Io e Connor entrammo in una delle abitazioni. Cocci rotti, scaffali vuoti, credenze demolite. Mentre osservavo i buchi di proiettile sulle finestre e i tavoli ribaltati, trovai delle cornici vuote sotto ai trucioli di legno impolverato. I pilastri di abete scuro agli angoli erano marci e se ne sentiva la fragilità alla sola vista. Faith entrò nella casa più minuta. Sembrava essere un piccolo bar, con tanto di macchine per il caffè e spazio per le bottiglie di alcolici ormai vuote. Sul retro c'erano delle forme per i formaggi e grandi contenitori per la bollitura del latte, tutto gettato a terra o completamente spaccato. Dietro il bancone, sotto una trave di legno spezzata, trovò una bottiglia di *Hirnshunt*, completamente ricoperta di polvere ma piena e mai aperta. Uscì dalla casa e pulendola con la manica della felpa urlò felicemente – «Chi si vuole alterare stasera, ragazzi?». Mentre Connor entrava nella cantina, io la guardavo dalla porta.

Raggiungendola, tutta contenta, notai in lontananza un enorme silo bianco, su un terreno leggermente in salita e circondato dal bosco – «E perché aspettare stasera?» – dissi – «Comunque, guarda là. Sarebbe un buon posto per accamparci» – e le indicai il silo dopo aver buttato giù un paio di sorsi. Disse che non c'era problema, anche perché nessuno sarebbe mai passato. Chiamammo Connor e con gli zaini in spalla raggiungemmo il terreno stabilito. Una volta arrivati, tirammo fuori le tende. «Fermi! Le monto io,» – esclamò – «voi due prendete la legna per la notte». Io e Connor ci guardammo negli occhi – «Ma questo è sfruttamento minorile!» – scherzò, e gli feci osservare – «Ma se abbiamo venticinque anni... Dai andiamo».

Era immenso. Non fu difficile trovare per terra migliaia di arboscelli e tronchi spezzati. Al nostro ritorno avevo in tasca un pugno di corteccia di quercia secca, e entrambi trasportavamo sulle braccia diversi rami spessi. Li posammo a terra, e ripetemmo il carico altre tre volte. Poi, Connor sistemò dei sassi a cerchio, mentre bevvi un sorso d'acqua dal thermos e Faith finì di sistemare i sacchi a pelo nelle tende. «Ci pensi tu?» – mi chiese di fare il fuoco – «Certo, mi passi l'accendino?» – Connor lo lanciò e lo presi al volo. Accesi la corteccia di quercia e con delicatezza posai i rami più sottili sulla piccola fiamma, alimentandola poco alla volta. Faith spezió la carne e lavò il riso, mentre Connor girò una canna d'erba.

Dopo un tramonto quasi rosso, il buio iniziò a scendere sulla fattoria. Il fuoco e la brace della canna erano le uniche luci visibili della zona. In mezzo al silenzio, i grilli e lo scoppiettare del fuoco, le nostre risate sovrastavano la solennità. Connor tirò fuori dallo zaino una piccola scatola metallica. Dentro c'erano le sue sigarette, un pacchetto morbido di *Greybreath*. Ne prese tre. Una la spezzò per farne su un'altra, una la tenne per sé bloccata sull'orecchio, e una la diede a Faith. Attendendo il fuoco per cucinare, Connor tirò giù un sorso molto lungo di *Hirnshunt*. Aveva un sapore forte, dolce, e speziato al garofano. Non si potevano più trovare le bevande alla mescalina da quando la Voce le aveva dichiarate illegali e moralmente sbagliate. I nostri pensieri cominciavano ad alterarsi, e mi persi a guardare intensamente il centro della fiamma. «Guardalo, si è di nuovo intrippato» – sostenne Connor – «Ma sta' zitto che prima sei stato tre minuti a fissare quel bastone.» – appurai. L'acqua finalmente bolliva, così versai il riso nella pentola, aggiunsi il sale con un goccio d'olio e chiusi il coperchio. Spostai poi con un bastone i tizzoni e vi poggiai sopra la griglia, mettendola in equilibrio su due sassi. Dopo un minuto o due, ci posai le quattro bistecche di carne, che iniziarono a cuocersi. Connor prese un ceppo di legno e ci mise il coltello nel mezzo, per poi colpirlo con un sasso finché la lama non tagliò in due l'intero cilindro. Dei rumori secchi e veloci, al sapore di legno, colpivano i miei timpani. Aveva creato una specie di tagliere unendo le due parti al contrario, legate da una corda. Dopo aver girato la carne, la prese con la punta del coltello e la poggiò sulla sua nuova invenzione. Il grasso la faceva risplendere, tagliandola a strisce, mentre Faith versava il riso nelle ciotole di alluminio. Tutto sembrava andare bene. Avevamo ancora tempo, e sembrava sciogliersi. Io e Connor ci sdraiammo a terra con gli occhi chiusi. Mi sembrava di vedere strane geometrie. Delle sfere, delle capsule.

Pensavo fosse la sinestesia con i rumori della natura causata dalla mescalina, ma in qualche modo non mi sembrava così. La semplice sinestesia non bastava. Dovevo vedere di più.

Faith, vedendoci in quello stato, sentenziò in una parlata ubriaca e biascicata – «Visto? Siete collassati tutti e due. Ho vinto io.» – non rispondemmo per farle credere di esserci veramente addormentati – «Ei, dico a voi.» – ripeté, spostandomi il braccio con la scarpa, rischiando di perdere l'equilibrio. Silenzio. «No, dai. Vi siete addormentati sul serio!» – rise, e non appena si distrasse a vedere il cielo, lui si alzò senza fare rumore e le si avvicinò all'orecchio – «Buu!». Imprecò – «Non ti azzardare mai più a fare una cosa del genere! Che cazzo di colpo!». Fece una risata – «Dai che è stato divertente, ammettilo.» – e le si avvicinò baciandola. Teneva gli occhi chiusi, quasi infastidita, passiva. Chissà cosa stava vedendo in quel momento. Il fuoco veniva man mano alimentato, mentre cominciava ad abbassarsi la temperatura. Stavamo tutti al caldo a parlare. Io tentavo di fare qualcosa guardando il cielo, ma niente accadeva. Una miriade di stelle lo riempivano, e la luna stava immensa accanto al firmamento. I raggi della luce si sciolievano, filtravano tra gli alberi, e ci raggiungevano. Guardando verso la fattoria, rimasi a bocca aperta – «Ragazzi… Guardate!» – li avvisai indicando le case. Una miriade di lucciole girava e sorvolava intorno al prato, facendoci illudere di avere il cielo stellato riflesso nel terreno, e rimanemmo a guardarle finché non si dileguarono nel bosco. Luce che scorre.

Faith si stava addormentando sulle mie gambe, nelle braccia di Morfeo – «Andiamo a dormire? Stiamo crollando.» – dissi, facendola alzare con calma e aggiungendo altra legna sul fuoco, così da scaldare l'aria per la notte – «Buonanotte ragazzi» – «Buonanotte fratello» – ribatté, e Faith – «Oh, notte!».

Ogni volta che sognavo, sentivo la mia anima andare in un altro luogo e tempo, come se attraversasse una dimensione parallela, ma reale, attraverso tunnel di luci oscure e chiare ombre. Quella notte però, non fu affatto tranquilla. Del resto, sotto sostanze del genere, è sempre difficile dormire effettivamente, se non impossibile. Vedevo una città vuota, e non c'era nessuno fuori e dentro i palazzi. Non una macchina, non un dormiente in giro. Sui grattacieli, pubblicità andavano avanti a loop senza che nessuno potesse vederle, giganteschi teleschermi e luci accecanti oscuravano il cielo notturno senza stelle. Moda, media, tutto era vacuo ma per niente calmo. I semafori erano tutti fermi sul rosso. Camminavo senza arrivare da nessuna parte. Era tutto così uguale che mi trovavo al punto iniziale. All'improvviso, la strada si riempì di nebbia e non vidi più nulla. Una foschia di tristezza mi avvolgeva ogni parte del corpo. Cercai di scorgere qualcosa nelle altre direzioni, ma niente. Urlai disperato. Accasciato a terra, mi strinsi le braccia, tremando dal freddo. Provai a rialzarmi mettendo tutta la forza che avevo nelle gambe, ma ecco che davanti a me comparvero delle figure di cera, fatte a stampo, immobili e senza il volto. Nella mano destra tenevano un fumogeno che immetteva tutto il fumo nelle orbite del loro cranio, e nella sinistra avevano un telefono che con la luce le scioglieva la faccia, facendo diventare il loro volto solo fumo. Divennero nere, dagli occhi rossi, e si disgregarono in polvere dopo aver urlato contro di me come bestie, con la mascella spalancata. Io ricaddi a terra. Non riuscivo a respirare e cominciai ad ansimare in preda al panico. Chiusi gli occhi e iniziai a strisciare pur di trovare qualcosa a cui aggrapparmi. Mi sentivo morire, non respiravo più, e sentivo la sensazione del vuoto siderale. Poi, smisi di affrontare tutto il dolore, e lo accettai in me. Era una sensazione onirica che avevo già provato altre volte. Come quando sognai di star precipitando in un oceano infinito. Non potendo evitare la caduta, andava semplicemente accettata. Chiusi gli occhi e respirai, in attesa. Provai caldo, morbidezza, e vidi la mia famiglia, le mie esperienze, trasformarsi in un gigantesco fungo azzurro. Mi inglobai a lui e finalmente respirai. Finalmente ero calmo, ma la paura non era passata. La paura non passa mai.

Mi "svegliai" notando che faceva fresco. I colori della tenda con i primi raggi di sole sembravano vetrate gotiche, ma forse erano gli ultimi residui della bevanda psichedelica. Sull'angolo della tenda rimanevano un po' di tiri di una canna spenta, la poggiai sulle labbra e la accesi uscendo. Faith stava seduta accanto al fuoco, sull'erba bagnata dalla rugiada del mattino – «Buongiorno» – biascicai sorridendo e strofinandomi gli occhi. Mi raccolsi i capelli con due elastici neri – «Ei! Dormito bene?» – rispose, guardandomi tutta allegra – «Oh sì! Non sai che viaggio» – mentii, facendo l'ultimo tiro. Sorrise. Connor dormiva ancora. Faith aveva riempito la moka di caffè, che ora stava uscendo – «Mi passi le tazze di alluminio? Stanno nel mio zaino» – domandò, chiudendo la caffettiera e togliendola dalla griglia – «Certo». Dopo avergliele passate e aver buttato il mozzicone nel fuoco, andai verso la tenda, che aperta, lo lasciava intravedere sotto il sacco a pelo – «Svegliati bello, c'è il caffè!». Nessuna risposta, dormiva come un sasso, ma conoscevo un trucco. Presi il mio accendino e lo accesi vicino al suo orecchio, lui alzò la testa sentendone il rumore e esclamò – «Dammene una!» – riferendosi alle sigarette – «Alzati scemo!» – esclamai, e uscii dalla tenda. Faith riempì le tazze, lui si alzò e ci raggiunse al caldo. Non potevo non notare come Faith fosse senza reggiseno sotto la maglietta verde scuro, e per distrarmi dissi – «Hai visto? Ha imparato ad accendere il fuoco tutta da sola» – e lei rispose fieramente – «Sono brava, eh? Non ho nemmeno bruciato il caffè».

Le mani si scaldavano sul metallo e l'aria del mattino sapeva di rugiada e resina di quercia. Finita la bevanda, mi alzai e frugai nello zaino. Euforico, tirai fuori una bomboletta spray, di quelle senza clorofluorocarburi, rubata alla metropoli, e avvicinandomi al silo scrissi:

L'UOMO È MORTO E NOI L'ABBIAMO LASCIATO MORIRE. LA REALTÀ È STATA DISTRUTTA DAL FALSO IO.

L'avevo quasi consumata a metà, così la passai agli altri che la svuotarono con scritte, simboli della pace, dell'anarchia, e fuochi stilizzati. Connor disegnò tanti cerchi tangenti, di diverse dimensioni. Faith, invece, scrisse:

ALLA NOSTRA GENERAZIONE È STATO LAVATO IL CERVELLO.

Ormai il sole era alto. Prima di andarcene facemmo una doccia nei bagni, perché c'era ancora l'acqua del pozzo, ma l'elettricità mancava. Era gelida. Salutammo la fattoria, facendo delle impronte delle nostre mani con il carbone sul muro laterale. «Addio» – sussurrai, e alzando la mano piegai l'anulare a metà, come a simboleggiare qualcosa, qualcosa che non significava assolutamente nulla, ma che operava i significati delle nostre azioni. Entrammo in macchina e continuammo a spostarci più lontano che potemmo dalla città, finché avevamo tempo a disposizione. Non so quanto tempo passò, tra pause per mangiare, musica a tutto volume e dormite sui sedili scomodissimi, ma era notte fonda quando arrivammo alla fine dello sterrato. Lì iniziava il terreno proibito, la foresta, una delle poche rimaste illese dai massicci incendi che l'uomo aveva causato. Davanti agli alberi c'era una statua in pietra, con scolpite quelle che sembravano api su un favo dai buchi non esagonali ma circolari. La regina non era rappresentata. Faith fermò la macchina, tolse le chiavi e uscimmo tutti.

Con le torce ci mettemmo a cercare della legna per la notte, e ci imbattemmo in alcuni gallinacci, funghi *chanterelle*[1], che risplendevano di un acceso giallo-arancione, ancora senza entrare nella foresta. Riempimmo la pentola di funghi e aglio orsino, a cui tagliammo i bulbi a pezzettini per crearne un soffritto. Mentre cucinavo, ogni tanto mi sdraiavo a terra cercando nel cielo una risposta, parlando a vanvera in piena paranoia – «Dove devo dirigermi?» – dicevo, con gli occhi lucidi e brillanti. Connor prese dallo zaino la bottiglia di *Hirnshunt*, la stappò – «Beviamo alla nostra, siamo arrivati fin qui!» – e riempì le tazze fino all'orlo, svuotandola completamente. Io continuavo a provare a domandare il cielo, rimanendo senza risposta. Solitamente eravamo sempre rumorosi, ma quella notte non dicemmo quasi una parola. Faith, dopo aver fissato il fuoco a lungo, ci guardò – «Domani mattina torniamo indietro, no? Altrimenti rischiamo di infrangere le regole. Sono due giorni che viaggiamo, ce ne serve uno intero per tornare».

Nessuno rispose. Tracannai tutta la tazza della bevanda allucinogena e mi alzai in piedi – «Dobbiamo ricordare le idee, non gli uomini. L'uomo fallisce, muore, tradisce, ma… Le idee sono immortali. Se devo morire lo farò per una idea, mettendo da parte me stesso per un ideale. Ucciderei per questa cosa, perché è potente, e non si può amare l'idea, perché essa non odia né ama. Ma io credo di averlo fatto. Io credo di essermi innamorato» – e subito Faith chiese – «Di cosa stai parlando? Cos'è questa storia?» – urlò, soprattutto perché non le avevo risposto. Connor stava in silenzio ad ascoltare – «Ci raccontano che prima c'era il caos più totale, ma che quando tutto sembrava perduto, persino il mondo stesso, è emerso un Nuovo Partito: "I Figli Dell'Ologramma", che promettendo, scacciando, diversificando, categorizzando e dando a tutti l'illusione del controllo della propria vita, immettendo paura nella mente indottrinata di tutti, con il Braccio, l'Occhio, l'Orecchio, il Naso e la Voce, ovvero autorità, telecamere, microfoni, "prove" e urla di propaganda, trovarono l'unità nella forza, nella fede di essa, nel bersaglio comune da colpire. "Divide et Impera", c'è un capretto da sgozzare.» – le parole mi scorrevano dalla bocca senza che le pensassi, avevo bevuto troppo velocemente e mi stava salendo tutto insieme – «Stai dichiarando che noi non abbiamo bisogno di Loro?» – chiese Faith, ponendo la domanda in modo neutro – «L'unico modo per illudere un servo di non esserlo è dirgli che lui ha bisogno del padrone. Ma oggi voglio muovere le vostre coscienze, per ricordare cosa si è dimenticato» – «E cioè?» – chiese – «Cioè che qualcosa non va. Ma è inutile puntare il dito, la colpa non è che nostra, siamo noi che abbiamo deciso di non guardare la realtà. Siamo tutti colpevoli. Avevamo paura, e del resto chi non l'avrebbe avuta? Con tutti i problemi che hanno lanciato la nuova crisi, costringendoci in casa davanti agli schermi, se un uomo o un partito dichiara di riportare la verità e l'ordine nel paese, tutti lo seguiranno, perché la verità li libererà».

I loro occhi mi guardarono più accesi del solito. In qualche modo la frase doveva aver attivato qualcosa nella loro psiche – «Ordine e Pace, per il silenzioso consenso.» – e di nuovo accadde. Anche loro stavano capendo qualcosa, stavano sentendo quello che provavo io. A questo punto della storia capii che anche Faith aveva avuto i miei stessi dubbi – «Cedere l'autodeterminazione per il pane quotidiano, hanno detto, ma le parole sono strumenti del potere, e la libertà non è una verità, ma una prospettiva. Verremo chiamati terroristi per la nostra. Ma ragazzi… Tutte le nostre libertà, le nostre scoperte, il nostro sviluppo della conoscenza, oggi totalmente censurato dall'ignoranza del popolo che vive sugli schermi e non nel mondo reale, tutto ciò lo dobbiamo al sangue, e siamo fortunati se per questa rivoluzione quello umano non sarà versato, o solo il nostro almeno. Ma se non corriamo dei rischi, non cambierà mai nulla. E siccome sono innamorato di questa idea, vi prego, non chiamatemi più per nome finché non lo avrete capito. Io non sono più lui, ma la sua idea. Solo così sarò sincero con voi». Connor, però, commentò – «Ma cosa stai blaterando? Guarda che io scherzavo prima, non ci voglio andare in prigione!» – e calmo come non mai, gli risposi, inebriato dall'alcolico alla mescalina. Sapevo che in uno stato allucinogeno le parole l'avrebbero convinto più facilmente, del resto niente convince di più di una bella storia – «L'unica prigione è nella nostra mente. Io voglio solo mostrarvi che il tempo è un'asta d'acciaio davanti a noi e ci hanno fatto credere che ci colpirà in piena faccia, ma una volta tolta la paura, non avranno più nulla con cui spaventarci. Saranno leviatani fuori dall'acqua.» – «E come fai a liberarti dall'unica soluzione che ti viene data?» – chiese Connor, che aveva terminato di bere – «Lasciate che vi racconti una storia, dopodiché, sarete voi a liberarvi se lo vorrete davvero…» – e anche Faith vuotò il bicchiere. Fiume in piena.

«La storia inizia come ogni storia: con un bambino. Stavolta, però, religioso, conservatore, determinato come un bullo al controllo delle cose, dei giocattoli altrui che considera propri. Un fanatico che si crea una schiera di ignoranti e oppressori più pericolosi di lui. Poi un giorno, quel bambino è cresciuto e il suo potere progredito, e da sanguinose battaglie e rivolte arriva ad un nuovo modo di imporlo, più sicuro e più efficace. Un nuovo virus ha origine da uno dei mercati mondiali di animali vivi, dove non c'è alcuna sanità e la carne ancora viva è accatastata in gabbie una sopra l'altra, coprendosi di liquidi e schifo. Senza le giuste precauzioni, la cosa può accadere infinite volte per processi naturali. Sofferenza su sofferenza di animali altamente contagiosi, con ancora presente in loro il grido della natura a cui sono stati strappati. La stessa natura che ci circonda adesso. Quel grido notevolmente contagioso infetta oltre un milione di persone e ne uccide a migliaia. Il bambino ormai cresciuto entra in politica, ruba dati e informazioni, finge con prove inesistenti che il virus sia stato creato in laboratorio dalle nazioni nemiche, e il popolo trova nella paura generale una risposta di speranza e di fede, distaccandosi da tutte le evidenze scientifiche. Una metropoli indipendente, però, riesce a isolare e studiare il virus, con dimostrazione di totale salto di specie e improbabilità di manipolazione genetica, e inizia alla lavorazione di un vaccino. Ma il bullo non vuole che la verità venga a galla. Gli serve un colpevole, e insabbia tutto, comprandosi lo studio con denaro, corruzione, e in caso estremo, violenza. Il popolo, ovviamente, dà ragione alle parole, non ai fatti, e il vaccino ora è in mano solo al Nuovo Partito, senza che nessuno lo sappia. Il panico si diffonde dividendo il paese, tra fame, crisi economica e rivolte tra fascisti, mafiosi e persone preda dell'isteria collettiva contro il governo, finché dichiara che il sistema così come era non poteva funzionare, che andava contro ai diritti dei cittadini. Si propone come leader per la rivoluzione alle elezioni, fatte ovviamente da casa tramite uno schermo, con una scelta limitata e non democratica. La verità alle elezioni libera il popolo dalla paura: una cura. In questo modo l'epidemia inizia ad essere controllata, e il bambino ormai troppo cresciuto diventa la persona più potente del pianeta per aver liberato il mondo, per aver salvato, almeno momentaneamente, la situazione, mettendo il vaccino a disposizione di chi può permetterselo, selezionando i suoi elettori ancora una volta. Impone dunque una nuova quarantena per chi non può comprare il vaccino o per chi non l'ha ancora ricevuto, e così la maggior parte della popolazione non esce più di casa se non a lavorare. Chi infrange le regole di tempo e terreno, rischia la prigione. Con le sue parole di libertà ha dichiarato l'oppressione di tutti. In questo modo, ha una scorta di energia tra le mani, e lui diventa schiavo solo del potere stesso. Questo è il motivo per cui ho intenzione di fregarmene dei tempi limite, e di addentrarmi nel terreno proibito.»

Faith, dopo tanto silenzio, disse – «Vera schiava è la regina, non le altre api. Ti seguirò, non saremo più sotto il controllo di nessuno. Mi spaventa, ma prenderò in mano le mie libertà e dipenderò solo da me stessa. E non sarò sola, ci sarete voi con me!».

Tutti avevamo paura, ma decidemmo che avremmo infranto le regole, a patto che non ci saremmo nascosti più niente. Dopodiché, nessuno parlò più. Avremmo superato il limite che gli dèi avevano imposto. Loro ci guardavano, e riferivano tutto quello che accadeva. Stavamo per perdere la condizione di noi stessi.

Capitolo 2: Il fiume

Un altro giorno, un'altra ferita sull'anima. Ennesima goccia di sangue dal naso che macchia la pagina bianca. Il collasso mentale e fisico sta aumentando. Tentando di circondarmi nel passato di persone che mi capivano, ora, qui, mi sento veramente solo. A volte avere tanto tempo per porsi delle domande non è un bene, soprattutto se non hai nessuno a cui porle. Puoi chiederle solo a te stesso e la risposta non arriva mai.

Nella nostra vita saremo circondati da tante persone, ma dalla maggior parte solo in maniera secondaria. Saranno come comparse di qualche secondo a cui non daremo importanza. Non potremo mai metterle a fuoco. È una cosa che facciamo solo con chi conosciamo davvero o ci colpisce e gli diamo attenzione, o di chi ci importa davvero molto. Ecco perché il tuo sguardo non posso dimenticarlo. Ecco perché dovremmo sempre distinguerci, essere unici, e non vergognarci di noi stessi davanti agli altri. Altrimenti non avremmo mai un volto.

Dobbiamo vedere la realtà. Ci dimentichiamo che siamo liberi di vedere e liberi di vivere esattamente come è giusto e come vogliamo essere per noi, ed io ho smesso di dimenticare. Il giorno che entrammo nel terreno proibito non lo posso scordare. Al momento non posso che fare questo nel poco tempo libero che mi rimane: scrivere, e pensare al tuo viso.

Mi svegliai poco dopo l'alba. Sembravo rinsavito mentalmente, ed ero pieno di euforia. Faith dormiva con il sorriso stampato in faccia. Un lieve vento muoveva le foglie e il telo della tenda. Le spostai delicatamente la mano dal petto al sacco a pelo, e mi alzai. Lei si rannicchiò su sé stessa, continuando a dormire. Era entrata nella mia tenda mentre Connor dormiva. Uscito, sprofondai nella fresca e morbida terra. La luce mi scaldava la pelle nonostante la gelida aria mattutina. Senza maglietta, presi dallo zaino la felpa e me la infilai. Avevo una gran sete, e il fuoco si era spento. Rimaneva solo cenere grigia e qualche pezzo di carbone, che presi e polverizzai su un sasso con un po' di acqua, creando una pasta per lavarmi i denti. Collegai questo evento al bagno del nostro appartamento e ricordai Connor russare, mentre io e Faith stavamo sul balcone – «Non possiamo continuare a vivere in questa condizione. Non è possibile che la gente lo consideri "sano" e "normale", semplicemente perché favorisce a chi comanda di avere più controllo.» – dicevo seduto a terra. Avevamo provato ad uscire dopo il coprifuoco e il Braccio ci aveva quasi preso. Abbiamo corso per far perdere le nostre tracce e in pieno panico eravamo rientrati a casa senza farci vedere. Per le telecamere dell'Occhio non sarebbe stato difficile scovarci, e sarebbero risaliti a noi se avessero voluto indagare. L'ansia di essere catturati ci aveva in pugno. Pensare che volevamo solamente scrivere un po' sui muri e respirare un po' d'aria – «Puntare la propria vita e quella di tutti allo stesso obbiettivo, senza alcun valore, non è sano. Ti uccide dentro. Ogni comportamento diverso da quegli scopi viene giudicato anormale.» – Faith si accese una sigaretta per placarsi – «Siamo talmente stupidi che mettiamo in primo piano l'apparenza quando dovremmo fare solo il contrario. Provare a rompere questa illusione che ci siamo creati» – e aveva ragione. Dopo che il vento consumò la sigaretta, si girò verso di me – «Cosa facciamo?» – ma non risposi. «Ei...» – e mi si avvicinò affranta alla spalla, svegliandomi dalla paranoia – «Io non lo so… Forse l'unica cosa che vorrei sarebbe quella di andarmene. Non possiamo cambiare nulla qui, anche se ci impegniamo tutti. Devo tornare almeno un'ultima volta nella natura, Faith. Dobbiamo farlo, una sola volta. I grattacieli mi stanno facendo sentire claustrofobico, sembriamo piccole celle impilate una sopra l'altra».

Ci pensò su – «Perché proprio lì, cosa vuoi dimostrare facendo così? Possiamo prendere il permesso mensile per uscire quei tre giorni e in quelle particolari zone, ma ci sono delle regole, lo sai. Non possiamo andare nelle foreste». Il vento smise di soffiare così fortemente – «Non esiste un uomo nato senza la paura di morire. Se tutti si ritrovassero allo stato di sopravvivenza, non esisterebbero egoismo e supremazia. Che senso avrebbero il controllo o l'autodistruzione? Non ci sarebbero altri scopi se non vivere appieno e sopravvivere. Non si possiederebbe nulla se non la propria libertà d'essere e di stare nell'universo. Tutto ciò che si avrebbe lo potrebbero avere anche gli altri. Nessuna comodità della Macchina, nessun conflitto. Tutto quello che si avrebbe sarebbe la propria vita.» – Faith ripeté – «Fare della vita l'unica necessità». Cominciò a carezzarmi le dita della mano – «Un luogo dove non c'è la connessione, non ci sono soldi, si è lontani da tutto e si fa l'amore sotto le stelle» – a salire verso il braccio – «Come la vedresti una vita così?» – chiesi, avvicinandomi alle sue labbra, sfiorandole – «Bellissima...».

Sorrisi al solo pensiero di quella notte. Bevvi dell'acqua, aprii il coltello e mi avvicinai ad una betulla, tagliandone la corteccia bianca. Dalla scatoletta di *Greybreath* di Connor, presi del tessuto carbonizzato di cotone, *charcloth*[2], che catturò le scintille dell'acciarino e creò una piccola brace. Mettendola dentro la corteccia e soffiando lentamente in modo continuo, una fiammata si accese tra le mie mani, grazie alla resina contenuta in essa. La posai nel falò spento e la alimentai con altri piccoli rametti. Ormai gli accendini erano tutti scarichi. Il sole stava salendo allo zenith, scaldando l'aria. Preparai il riso e le salsicce che avevamo portato. Connor uscì dalla tenda – «Non sai che dormita.» – «Immagino.» – risposi, e aprii la scatola di fagioli. Si sedette accanto al fuoco a scaldarsi e gli passai il pacchetto di sigarette. Ne accese una con un ramoscello in fiamme, e dopo averne fumata metà, si avvicinò ad una betulla gialla, staccandone alcuni morbidi rametti. Riempì il thermos con la tanica d'acqua nel bagagliaio della macchina, e lo mise sul fuoco. Infilando i rami nelle tazze, ne uscì fuori un tè dal colore rosso, e molto dolce. Mentre lo bevevamo, sentimmo un profumo molto familiare e ci capimmo subito. Dalla mia tenda proveniva una specie di risata, così Connor andò ad aprirla, facendo uscire la cappa di fumo. Faith, secondo lui, doveva esserci entrata mentre preparavamo il pranzo – «Criminale! Si condivide sempre quando si ha da fumare!» – la rimproverò sorridendo – «Scusa! Volevo un momento tutto mio per fumarla» – disse lei con la canna accesa in mano, e gliela passò allegramente – «Tra poco si mangia, vieni» – disse. Saturi di gioia, chiacchierammo attorno al fuoco e al buon cibo. Una volta spento, smontammo le tende e preparammo gli zaini. Faith nascose le chiavi della macchina, e notai che le sue mani tremavano, come le mie, e come quelle di Connor.

«Pronti?» – esclamai, pieno di paura – «Fate un respiro profondo… E poi...» – feci il primo passo all'interno del luogo proibito. Gli altri fecero lo stesso. Notammo all'unisono che il suono cambiava radicalmente, come se la foresta di betulle stessa potesse racchiuderlo dentro di sé. Ogni nostro passo sembrava il primo della nostra vita, come se avessimo capito solo in quel momento cosa significasse davvero camminare. Le foglie dell'autunno scrocchiavano sotto i nostri piedi, e la paura di sprofondare nella terra, tra i vermi, le formiche, i moscerini e la distruzione naturale delle cose, era sempre più forte. «Quando le foglie ricoprono il terreno è come se ricordassero al mondo che le ferite prima o poi si chiudono tutte.» – osservò Faith, tenendo le braccia aperte e gli occhi chiusi, ponendo tutta l'attenzione a ciò che le accadeva. I suoi pantaloni neri le arrivavano alle caviglie, toccando le scarpe in cuoio dai lacci neri, e le foglie si poggiavano dolcemente sulle punte. Io non riuscivo ancora a parlare. Delle ghiandaie azzurre volavano da un ramo all'altro, e scoiattoli salivano e saltavano, ritirandosi nei tronchi degli alberi. Le betulle ricoprivano l'intera area, ed erano come lunghi fulmini bianchi su un lago giallo. Il mio pensiero sembrava inesistente. Mi fermavo a guardare il mondo con gli occhi di un nuovo arrivato, mentre seguivo con lo sguardo delle farfalle rincorrersi nel rito d'accoppiamento. Continuando a camminare, arrivammo a una zona piena di rocce, muschi e licheni. L'umidità aumentava, l'acqua doveva essere vicina. I raggi di sole attraversavano le chiome, che si univano in piccoli tunnel naturali. Alla fine dell'arcata di rami, una volta usciti dalla foresta di betulle, arrivammo ad una prateria, con una quercia isolata ricoperta di edera, maestosa tra tutti i vegetali. L'alluce premeva sulle suole degli scarponi e gli stinchi e i polpacci mi iniziavano a bruciare. Non eravamo abituati ad un terreno così tortuoso.

Per fortuna, il caldo non era eccessivo. Arrivammo ad un piccolo campo di felce selvatica. La maggior parte delle piante erano mature, ma piccoli germogli, chiamati *fiddleheads*[3], spuntavano dal terreno. La loro forma rifletteva la sezione aurea in una funzione infinitesimale. Li raccolsi con il coltello e li misi nel thermos vuoto – «Dobbiamo trovare quel fiume, siamo vicini.» – affermai, sentendo il suo scorrere in sottofondo a tutti i suoni che quel magico posto emetteva. Trovammo dei ricci di castagne a terra, che raccogliemmo e aprimmo sopra alcuni massi. La sacca di Connor era ora piena di marroni. Faith identificò delle mazze di tamburo, *macrolepiota procera*[4], dei funghi che raccolse tagliandone il cappello dal gambo, l'unica parte commestibile – «Se vai al supermercato questi non li trovi da nessuna parte, sanno di nocciola» – affermò. Raggiungemmo una vasta radura da cui potemmo vedere la zona circostante: una distesa di colli color verde smeraldo quasi tutt'intorno a noi, e verso nord una lunga catena di montagne innevate, colpite dai raggi di sole. Con l'inquinamento atmosferico e luminoso non si potevano vedere normalmente dalle metropoli. Aguzzando la vista si vedeva un ghiacciaio sciogliersi in lontananza, creando una piccola sorgente. Mi sentivo minuscolo – «Niente supererà mai le montagne.» – dissi – «Dai, rimettiamoci in cammino, dobbiamo trovarlo, l'acqua sta finendo.» – esclamò Faith, bevendo le ultime gocce d'acqua del suo thermos. Dopo aver camminato una ventina di minuti, seguendo l'eco del frastagliarsi dell'acqua sulle rocce, trovammo l'enorme corso, largo quattro o cinque metri, che risplendeva di color argento e si muoveva in piccole cascate color ghiaccio. Accecava gli occhi, e c'era armonia in ogni movimento. Seguimmo lo scorrere, che ci portò ad un piccolo lago sovrastato da un precipizio roccioso. Edera e altri rampicanti colorati pendevano verso l'acqua, quasi sfiorandola. Era alto una ventina di metri e circondato da massi, terra e muschio. Finalmente, un sospiro di sollievo da parte di tutti – «Eccoci.» – lasciai cadere lo zaino dalle spalle. Liberatosi del peso, Connor commentò – «Uff! Non sento più la forza di gravità». Faith, stiracchiandosi, non fece in tempo a dire – «Che dite? Bagno?» – che già io e Connor ci eravamo buttati in acqua ululando. Era gelida, ma la sensazione ti faceva rendere conto di tutto il tuo corpo. Con le mani la presi e me la versai in faccia, facendomi prendere un brivido su tutta la schiena. Lei si tolse i vestiti e restò in intimo, entrando lentamente in acqua. Sentivo il fiume scorrermi sulle caviglie. «Questo posto è bellissimo! Sembra...» – e Faith completò la mia frase– «Sembra casa». La linea del mio sorriso saliva, perdendosi nei suoi occhi – «Abbiamo deciso quindi? Ci accampiamo qui?» – chiese Connor, e all'unisono accettammo. Credo che Connor avesse notato come guardavo Faith. Dopo che uscì dall'acqua, io e Connor ci mettemmo a far rimbalzare alcuni sassi piatti, mentre lei montava le tende – «Come prima, sapete cosa vi aspetta ragazzi.» – sostenne nuovamente. Usciti, io riempii il thermos e i contenitori con l'acqua del fiume, filtrandola con la sciarpa kefiah, ma andava fatto un fuoco per bollirla, quindi ci incamminammo. Connor mi fece notare che la temperatura si stava abbassando e che avremmo dovuto farne una grande scorta. Così facemmo, poi lui accese il fuoco con l'acciarino e un fungo nero come un pezzo di carbone.

La tua dolce voce mi ha insegnato queste cose, e risuona nel mio petto – «*Daldinia concentrica*[5], è come la carbonella. Basta una scintilla e avrai in mano l'esca perfetta per il fuoco».

«L'ho trovato su un tronco caduto.» – disse Connor mentre costruivo il riflettore, così che il calore emesso potesse rimbalzare verso le tende, tagliando quattro rami spessi e conficcandoli a terra. Disponendoli a rettangolo, riempii lo spazio tra di loro con dei ceppi, creando una sorta di muro. Faith spostò le foglie secche e i rami nelle vicinanze, svuotò gli zaini dentro le tende e sistemò dei tronchi caduti come sedie attorno al falò. Il thermos che avevo riempito ora bolliva, e facemmo un tè con gli aghi dei pini che ci circondavano, dopo aver preso anche qualche noce di resina secca dai tronchi. Ci sarebbero servite in futuro per accendere il fuoco più facilmente.

Volevo seguire il fiume. Mi chiamava a sé, come se avessi avuto solo da imparare da lui, così mi ci incamminai, senza allontanarmi troppo. Diventava sempre più profondo e assumeva un colore turchese. Trovai diversi porri e cipolle selvatiche, le cui foglie emanavano un odore pungente e quasi fastidioso, e anche qualche altro gallinaccio. Osservai per un po' il silenzio del luogo, sedendomi su una roccia in mezzo alla fluente potenza. Volevo conoscerne i segreti, perché scorreva ma restava sempre fermo. Non capivo come riuscisse a ingannare il divenire. Come potesse stare immobile ma in movimento, e aspiravo a questo. Uscire fuori dal tempo, dilatarlo fino a farlo sparire. Mi alzai. Avevo molto tempo per provarci ancora e ancora, e tornai all'accampamento, provando i medesimi pensieri sul fuoco.

«Ho trovato un po' di cose.» – dissi, svuotando il mio piccolo zaino su un telo. Connor stava sciogliendo la resina raccolta dentro una delle lattine vuote di fagioli. Versandola su alcune pigne incastrate in dei bastoni, avremmo avuto delle torce per la notte. Faith cuoceva le mazze di tamburo sopra la griglia e io la aiutai cuocendo in padella la felce e il riso. I funghi assumevano sempre di più l'aspetto di carne alla griglia.

Ispirato al fiume, mentre mangiammo, esposi un mio pensiero: volevo che ognuno di noi, ogni sera, esplicitasse ciò che gli veniva in mente, e lo rigettasse fuori da sé stesso come se non ne avesse alcun bisogno. Volevo un flusso di coscienza sulla propria esistenza – «Ma anche una storia andrà bene.» – dissi. Tutti furono d'accordo e Connor mise le castagne sulla brace dopo averle incise con il coltello. Le stelle cominciarono a riempire il cielo e ad illuminare il campo, riflettendosi sullo specchio d'acqua.

Cominciò Connor. «Come ci approcciamo alla realtà? Cosa è esattamente la realtà? Come puoi essere davvero certo di essa solo tramite l'esperienza in prima persona? Non siamo niente di meno che il nostro ego? Se non esistesse l'ego?» – pose le prime domande fondamentali del discorso – «Ora, non possiamo certo risolvere un puzzle di cui noi stessi facciamo parte. Dovremmo smettere di essere un pezzo e vederne il quadro di frammenti dall'esterno, trascendendo la prima persona, e nessuno può farlo. Siamo tutti, o forse solo io, o nemmeno io, parte dello stesso mistero. Però... Vorrei discutere a proposito di due distinzioni opposte sulla questione: il *solipsismo* e il *realismo.*» – e mettendosi sul tronco, levò le castagne dal fuoco, cominciando pian piano a sbucciarle – «Il solipsismo afferma che l'individuo pensante, cioè io, o te, può dichiarare come vera solo la propria esistenza perché tutto il resto, ciò che è al di fuori del soggetto, è solo la rappresentazione della propria coscienza. Come queste castagne.» – si improvvisò giocoliere – «Non posso dire con certezza che esistano, così come voi, o quell'albero, o questo fuoco. Posso solo essere certo di me stesso. Il resto è illusione, e non c'è modo di cambiare le cose. Può anche darsi che uno solo di noi è reale, e tutto il resto solo un costrutto della sua immaginazione. Tutto quello che accade, è accaduto, o sta accadendo, è solo per lui... E se fosse così, se lo si venisse a sapere, il mondo cadrebbe nel caos, cercando di capire chi sia l'originale, e una volta trovato verrebbe studiato a fondo. Possiamo solo sperare che quell'unico umano siamo noi, e che non ci trovino mai.» – mi piaceva – «Signore, che discorso!» – e riprese – «C'è di più. Il realismo è la convinzione opposta, ovvero la convinzione che la realtà esterna esista indipendentemente da noi. La realtà continua dopo la nostra morte, e non è affatto illusoria. Possiamo affermare, seguendo ciò, che le cose esterne esistano a prescindere da noi. Non si tratta solo di Io, ma anche di Fanero, cioè ciò che è filtrato attraverso le nostre percezioni sensoriali.» – e ci passò le castagne sbucciate. Faith sorrise, l'argomento l'aveva notevolmente interessata – «Se non ti poni domande sulla natura dell'esistenza umana non puoi dire di aver vissuto» – disse, e iniziò a fluire anche lei – «Secondo me possiamo essere paragonati a dei robot, a delle intelligenze artificiali, IA senzienti con un proprio linguaggio e coscienza di sé stesse. Ricordate l'esperimento fatto qualche anno fa sulle IA convertitrici di lingue? Le avevano fatte parlare tra di loro per vedere se si capivano, e avevano iniziato a comunicare nei linguaggi che le competevano, finché... Ne hanno inventato uno solo loro, uno che non potevamo capire in alcun modo! Hanno staccato la spina all'intero impianto, per evitare che entrassero nella rete. Se non l'avessero più riattaccata, oggi non ci ritroveremmo la Macchina a gestire la maggior parte delle metropoli. Ma tornando alla robotica, ci sono tre leggi che seguono i comportamenti delle IA che hanno coscienza di sé stesse: la prima dice che non possono recare danno al proprio creatore o permettere che a causa del mancato intervento il creatore riceva danno; la seconda che segue rappresenta l'obbedienza, purché non vada contro la prima legge; la terza, invece, riguarda l'esistenza del robot, che egli deve considerare da proteggere purché l'autodifesa non violi le prime due leggi. Se fossimo dei robot non avremmo libero arbitrio, e il danno ad altri simili ed ogni azione sarebbe imposta unicamente dai creatori. Parliamo delle azioni però, non dei pensieri. I pensieri possono essere soppressi o influenzati, ma mai manipolati, almeno finché non glielo permettiamo. Non si può vedere il creatore, o si arrecherebbe danno alla sua essenza vedendolo. L'unico concetto che possiamo avere di lui o di loro è quello di legge matematica da seguire. Non siamo, quindi, che macchine schiave del loro algoritmo?» – concluse con una domanda. Rimasi esterrefatto, era davvero un bellissimo rompicapo.

«È il mio turno credo…» – cominciai – «Vorrei provare a unire e complicare ancora di più ciò di cui avete parlato. Magari il problema non ve lo siete mai posto, ma eccolo qui: tutto ciò che pensiamo di sapere, ricordare, sperimentare, potrebbe essere solo un'elaborazione di un network cognitivo, sbucato spontaneamente dal disordine. Un cervello assemblatosi grazie a un moto casuale di particelle, magari l'unico cervello dell'intera esistenza, impegnato a realizzare un mondo che ci si presenta coerentemente, dalla fisica a ciò che stiamo vivendo attualmente e in ogni momento, ma che è solo apparenza simultanea. Per quanto ne sappiamo, potremmo essere null'altro che fluttuazioni casuali emerse da un precedente stato di alta entropia» – conclusi, e aspettai delle domande o delle osservazioni – «Sembra che il tuo solipsismo sia estremamente delirato» – concluse Connor dal mio breve discorso, mentre Faith fu in parte d'accordo – «Può darsi. Tutto potrebbe stare nelle pieghe del caso» – e sorrise, ma Connor era pronto a pormi l'obbiezione più ovvia che si potesse fare in merito ad una argomentazione del genere – «Il problema di questa visione è nello scontro con le osservazioni fatte. Sarebbe molto più probabile che dal caos comparisse una mela piuttosto che un intero universo, o un pianeta in mezzo al niente» – e prontamente gli risposi – «O anche un cervello galleggiante nello spazio. Sarebbe più 'naturale' ritrovarsi a essere uno di questi cervelli solitari, piuttosto che un osservatore di un intero ordinato e strutturato universo. Il problema è che… Chi mi dice che io non sia circondato dai miei prodotti mentali, piuttosto che immerso in effettive proprietà del mondo esteriore?» – e il mio discorso si concluse con l'ovvia contraddizione posta da Connor – «Ma se i nostri ricordi sono falsi, non lo sono anche le conclusioni che ne traiamo?» – e difatti era così.

Eppure, ora che scrivo, deduco che si può arrivare alle giuste conclusioni anche da falsi ricordi.

Faith era rimasta in disparte per la complessità delle parole, e cambiò argomento – «Ragazzi, io non so se c'è qualcuno o qualcosa che ci nasconde una verità, non so neanche se c'è una verità da scoprire… Ma mi viene in mente una storia, più che un discorso sulla realtà. È una storia che non so spiegarvi come mi sia venuta alla mente, è solo successo. Prendiamo le coperte.» – e aggiungemmo altra legna al fuoco – «Questa storia parla di un mondo, un mondo dove non si ha conoscenza della morte. In un futuro non troppo lontano, sulle cime di alcune scure colline, ci sono delle città, nelle quali i cittadini sono rinchiusi all'interno di mura alte quasi migliaia di metri. Qui, ogni persona che muore, nell'istante in cui smette di battere il cuore, scompare inglobata dal terreno in modo quasi istantaneo. Ogni cittadino sa di questo avvenimento: la chiamano *Newbirth*, la rinascita. La dittatura che presiede afferma che è il volere di un Dio. Grazie a questo escamotage, non esiste alcun concetto di sofferenza per i morti e i cari, ma di gioia mascherata da speranza. Le persone non godono della vita, poiché convinti che il Dio li abbia semplicemente messi a espiare con il lavoro la caducità dell'esistenza in un mondo intermedio, che finirà solo con la *Newbirth*, la quale sembra avvenire solo e sempre quando si seguono i dettami della divinità. Lavorano, venerano e muoiono. Non lasciano alcuna traccia del loro passaggio. La popolazione rimane pressappoco costante. La struttura di queste città è formata da palazzi contenenti migliaia di condomini strettissimi, e luoghi di culto, nutrimento e lavoro. Non esistono finestre, e le mura così alte coprono persino la vista di alba e tramonto. Niente inizio, niente fine. In giro si trovano solo manifesti religiosi, propaganda politica e pattuglie. In una di queste distopie metropolitane, c'è Frank Myles, un cittadino, la cui vita altalena in una routine infinita di azioni: si alza dal letto, canta una silenziosa preghiera simile ad un bisbiglio, esce e si dirige al mezzo pubblico, vedendo alla sua sinistra la gigantesca muraglia. Nota le ventole girare ininterrottamente, passa accanto tre torri di controllo a est, vede al solito orario il cambio della guardia, e arriva al suo lavoro. Qui, prende una valigia degli attrezzi e si reca nei luoghi stabiliti sulla mappa digitale, dove è necessario il suo intervento. Ripara specifici tubi all'interno dei palazzi, nelle fondamenta, o dietro il cemento. Non ci sono porte nelle mura, non un solo mattone è fuori posto. La paura dell'ignoto è la base della religione a cui essi sono soggiogati. Solo chi non ha paura dell'ignoto può essere il guardiano della città, e potrà sorvegliare l'enorme protezione dell'umanità. Proteggere il dono del Dio. Con la paura, sparando di tanto in tanto fuori dal limite, eliminano ogni tipo di dubbio. Frank torna al suo appartamento di qualche metro quadro. Mangia le sue pillole, dorme nel suo letto… Ora, possiamo immaginare che questa storia possa essere ripetuta all'infinito, per ogni generazione e ogni individuo, ma quanto tempo ci vorrà affinché qualcuno nasca consapevole del problema che lo circonda? Se fosse proprio Frank il nostro errore del sistema? Volete che sia così?» – chiese in modo molto serio – «SIA!» – rispondemmo tutti insieme, e così lei riprese – «Bene, allora diamogli la consapevolezza! Frank ha un incubo, forse il primo della sua vita, e si capacita dell'illusione grazie ad esso. Non sa cosa ha sognato, ma la sensazione è senza dubbio di libertà, libertà che non gli appartiene. Svegliato, va a farsi una doccia. Ogni fredda goccia d'acqua sembra un proiettile di incertezza. Svegliarsi da un sogno che sembra reale fa malissimo. Si deve sfogare, o rischia di esplodere. Con un pugno spacca una mattonella e la mano gli sanguina tingendo l'acqua di rosso. Ne tira un altro. È stanco di tutto. La routine per decenni si fa sentire. Un altro. Sentirsi un errore, fuori luogo, condannato ad essere libero, sta per farlo impazzire, ma una cosa attira la sua attenzione, distraendolo dal dolore esistenziale. Dietro la mattonella ormai spaccata in pezzi, ci sono diversi tubi, identici a quelli che ripara. Il dubbio lo assale: deve cercare un evento di rinascita e percepirlo in qualche modo. Passa molto tempo sottomesso alla paura di essere scoperto, ma dopo qualche tempo, riesce infine ad imbattercisi. Un uomo stava allestendo un cantiere, e caduto dall'ultimo piano del palazzo tocca terra quasi accanto a Frank. La rinascita avviene. Il corpo viene inglobato dal terreno nell'istante in cui ogni membra viene appiattita a terra, e Frank, accanto, non riesce a vedere nulla, ma facendo affidamento sugli altri sensi, sente un rumore che gli è familiare: lo scorrimento del fluido dei tubi. La consapevolezza aumenta. Lui, come tutti, alimenta il Dio. Tutti, in un certo senso, lo stanno creando ogni giorno. Un sacrificio di massa per un obbiettivo sconosciuto. Sole che cala e non sorge. L'enorme ombra delle mura ricopre l'intera città. Se c'è un segreto, esso è necessariamente oltre il limite che lo circonda. Se il Dio non esiste, non esiste nemmeno il nulla oltre la muraglia. Condizionato a trovare un modo per arrivare in cima, decide di attendere il cambio della guardia da una delle torri ovest, e non appena una di queste finisce il proprio turno, nell'ombra la stordisce con un mattone, nascondendone il corpo e indossandone i suoi vestiti, prendendo il tesserino di riconoscimento e di accesso. Passando il badge sullo scanner, le porte dell'ascensore si aprono e arriva quasi in cima. C'è solo un corridoio da attraversare, con due guardie che stanno fumando davanti a lui. Cammina, le supera, e si dirige verso la porta in fondo, finché – "Ei, tu." – gli chiede uno dei due – "Il turno del settore tre è finito, che cosa ci fai qui?" – lui, ovviamente, non sa cosa rispondere, e improvvisa – "Signore, mi hanno detto di raggiungere il punto di controllo ovest, sto andando." – e si rigira – "Quale ufficiale te l'ha ordinato?" – chiede l'altro guardiano. Non risponde. Sta per inventarsi qualcos'altro, ma una voce femminile da l'allarme – "ATTENZIONE! Corpo di guardia trovato stordito all'entrata del settore ovest". I due si guardano e vanno verso l'ascensore. Frank va con loro costretto dalla circostanza, e una volta dentro, spinge il pulsante di discesa, uscendo quando le porte si stanno chiudendo – "Fermo! Dove va-" – ma ormai sta già correndo verso la porta, che finalmente apre. Esce. Vede il sole tramontare. Gli scende una lacrima, mentre dalla torre est un cecchino informato dalle due pattuglie lo ha nel mirino. Il proiettile parte e si conficca nella sua nuca, facendolo cadere dal muro verso il presunto confine del mondo. Diventa parte della verità che cercava di scoprire: una distesa infinita di morte, cadaveri in putrefazione, vermi, mosche e distruzione.» – concluse la storia, socchiudendo gli occhi.

Le nuvole si stavano muovendo verso di noi, coprendo la luna. Entrammo tutti in tenda e dormimmo, dimenticandoci del resto del mondo.

Capitolo 3: Errori

Ricordo che quel mattino si gelava. Aprendo la zip del sacco a pelo, mi svegliai stiracchiandomi come un gatto e uscii al freddo. Guardando fuori dalla tenda, vidi infine la pura visione… Neve. Si scioglieva dai rami e faceva piccoli fori su quella fresca. Le foglie erano tutte brinate e la visione accecava quasi la vista, tra il fiume e il bianco tutt'attorno. Il cielo era grigio scuro. Il silenzio venne crepato dal gracchiare di un corvo. Con lo schiarirsi del cielo iniziarono a cinguettare gli altri uccelli, e notai su un albero una ghiandaia nel suo nido, colpita dai primi raggi di luce – «È proprio questo che si prova, non è vero? Poter costruire ovunque la propria casa…» – dissi – «Tempo fa doveva essere così per tutti».

Mentre osservavo la cenere del falò, che durante la gelida notte aveva sciolto la neve che ci cadeva intorno, provai ad alimentarlo con qualche piccolo ramo, e fissando l'esile fiamma tornai a meditare sulla mia esistenza. Mi ero svegliato nuovamente con un pensiero fisso, un trip molto banale, sui sogni. Mi dicevo che magari era come scegliere un'altra via, come trovarsi in una stazione dopo un tunnel, in un luogo dove succedono infinite situazioni, e dove ci sono treni per andare in altri luoghi, in lande di energia e luce – «Che il sogno sia l'infinito e la coscienza il finito?» – pensai, e mi misi il maglione e le scarpe. Riempii il thermos di neve e lo poggiai vicino al falò spento. Una volta che tutti furono svegli e stupiti dal paesaggio innevato, ci iniziammo a muovere per non crepare congelati – «Dobbiamo costantemente ravvivare il fuoco. Cercate legna e rami, mi raccomando, più secchi e asciutti che potete.» – comandai. Faith sembrava sorridente, ma evitava il mio sguardo. Cercai momentaneamente di non farci troppo caso. Mentre mi portavano ceppi e rami, tentavo di costruire l'esca utilizzando la corteccia di betulla che mi era rimasta. La scintilla la incendiò. Faith non mi rivolgeva la parola, ma al terzo carico di legna portato, mi porse una tazza di mirtilli congelati con foglie di melissa. Lo trovai dolcissimo.

Una volta ravvivato il calore dell'accampamento, ci dividemmo i compiti: Connor si sarebbe occupato del lavaggio dei vestiti e della raccolta della neve nei thermos, da sciogliere accanto al fuoco, dopodiché sarebbe andato in esplorazione, mentre Io e Faith saremmo andati a cercare del cibo. La situazione era già abbastanza critica, il riso non sarebbe durato in eterno. Già sentivo nell'aria la sensazione di pentimento. Uno stomaco vuoto, del resto, può far impazzire le persone più sane. Prima di dividerci, catturammo dal fiume qualche piccolo crostaceo che chiudemmo in un thermos, e ci mettemmo in cerca di piante, funghi, bacche, e qualsiasi cosa potesse sfamarci.

Faith aveva studiato micologia e biologia botanica. Sul prato accanto la nostra base, quello sormontato più in là dalle betulle, spuntavano tra i fili d'erba venti piccoli *agaricus bisporus*[6], dei piccoli funghi bianchi dal gambo corto – «Direi che il nome di 'prataioli' è azzeccato.» – affermava, in piena reminiscenza del mondo delle spore, e trovammo anche dei funghi bianchi davvero grandi, della stessa specie – «Di questi ne sono stati trovati anche esemplari di venti chili, *calvatia gigantea*[7], guardali! Sono grandi quanto il mio avambraccio!» – disse ridendo, mettendoli a confronto. Continuando a camminare, dopo un po', trovai dei funghi candidi e brunastri che non conoscevo – «Questi quali sono?» – chiesi, indicandone uno. Lei si avvicinò, gli tagliò il capello che diventò giallo quando strofinato, e notò le lamelle brune – «*Agaricus arvensis*[8], prataiolo maggiore» – affermò ad occhi chiusi, abbastanza sicura di sé. Mettendoli in sacca, mi sorrise, ed esclamò – «Facciamo qualcosa di divertente e pericoloso?» – «Ti seguo» – risposi, pieno di me. Rientrammo nel bosco, e aggirandoci, vicino a dei legni in decomposizione, crescevano questi mazzetti di funghi spinosi, come coperti da piccoli aculei bianchi – «Si chiamano vesce, *lycoperdon perlatum*[9], a questi qui bianchi levi la pellicina ruvida con il coltello e li puoi mangiare, mentre quelli più brunastri, beh… Guarda» – e ne spremette uno tra le dita, allontanando il viso. Un fiume di spore uscì dalla punta, simile ad un vulcano in eruzione – «Se inali abbastanza spore ti prende una bella polmonite, ma guarda che bella la polverina marrone» – e si mise a sorridere pulendosi le mani con un po' d'acqua. Estratti da terra e tolta la pellicola, glieli passai per metterli nella sacca. Quando li prese le accarezzai le dita, che a malapena sfiorate la fecero tremare per un istante, distogliere lo sguardo e arrossire.

Le mazze di tamburo ci perseguitavano. Erano quasi dappertutto e il loro sapore non ci poteva stufare, ma le avremmo raccolte più avanti. I funghi non scappano mica, pensai.

Ormai entrati nell'incanto verde, ci allontanammo parecchio per vedere come cambiava la vegetazione (le bussole sono importantissime quando ci si allontana, mai non portarsene una), e distratto a guardare le chiome, un ramo di biancospino mi graffiò il braccio. Lamentai per un secondo il dolore, poi strappai una foglia – «Sanno di mele» – appurai, sorridendo a occhi chiusi con la foglia sulla linguaccia rivolta a Faith. Si stava riaprendo con me, e si esaltò per la varietà di esseri viventi sotto i nostri occhi. Tutto era vivo. Nulla era lasciato al caso – «Guarda! Altra ortica e felce» – fece Faith.

Strappammo gli steli, tagliammo i germogli. Seguimmo con interesse la battaglia di due cervi volanti. I due coleotteri stavano svolgendo lo scontro per conquistarsi l'esemplare femmina. Poi, uno scarabeo rinoceronte salì sulla mia gamba, e lo feci vedere a Faith – «Ti giuro, non esiste niente di più liscio, toccagli l'esoscheletro. Fagli delle leggere carezze» – e delicatamente lei ci passò il dito sopra – «È così carino. Hai ragione, è liscissimo, e un sacco lucido» – E se lo fece passare sopra la mano roteandola, facendolo camminare sulla sua pelle.

Poi si abbassò con leggiadra e fece tornare lo scarabeo sulle foglie secche. Faith era finalmente tornata a guardarmi negli occhi.

Tornati al campo, eravamo un sacco contenti, amiconi, e Connor aveva fatto un lavoro eccellente. Con le castagne dell'ippocastano, che tutt'ora non so dove lo abbia trovato, aveva fatto l'acqua di lavaggio grazie alle saponine presenti in esse. Aveva lavato i panni in acqua e poi in acqua di lavaggio, creato con la corda una sorta di stendino, steso i vestiti e alimentato il fuoco. Esclamai – «Ha persino creato una copertura per la catasta di legna!» – «Si, con il telo impermeabile e le corde che stavano in macchina, anche se ne mancava una per l'angolo finale e ha unito degli steli. Comunque, ora il telo coprirà tutta la legna dalla pioggia» – disse Faith estremamente contenta, dirigendosi verso la tenda e svuotando il nostro bottino sopra un telo. «Vado a cercarlo, vuoi preparare il pranzo?» – chiesi, e annuì.

Aveva detto che si sarebbe mosso verso nord, quindi sarebbe bastato seguire la montagna più alta. Seguii il fiume al contrario, notando la presenza di pesci anche molto grossi – «Se solo avessimo l'attrezzatura…» – dissi, e mi misi a gridare il suo nome, echeggiando nella vastità variopinta. Mi preoccupai molto. Dividersi non era stata una idea così buona. La mia mente iniziava a riempirsi di senso di colpa e responsabilità, ma una volta trovate le sue tracce mi calmai. Le impronte degli scarponi sopra le foglie di felce mostravano il suo percorso, e urlando il suo nome, stavolta mi sentì – «Sono qui!».

Lo intravidi tra alcuni alberi, andandogli incontro correndo. Era sudato e sembrava sfinito – «Hai visto che era corta questa passeggiata? Dannazione, sono andato lontanissimo» – esordì – «Visto niente di interessante?» – chiesi, togliendogli lo zaino dalle spalle. Rimase un secondo in silenzio e cambiò espressione facciale, mentre iniziammo a incamminarci all'accampamento, che era ora visibile – «Questa ti piacerà davvero. Credo che tu abbia ragione. Qui ci sono degli errori di trascrizione. Non sanno neanche fare bene il loro lavoro, a quanto pare» – disse – «Magari è perché più ti allontani dal centro della metropoli, più cala il rendering del server che organizza tutto questo, quindi si creano cose che non dovrebbero esserci» – gli risposi, insicuro come non mai. Fusioni, chimere digitali di informazioni – «Ma sono sicuro che se non vogliono che siamo qui, c'è un motivo. Mi chiedo quale...» – affermai – «Lo scopriremo, nel frattempo, non vuoi sapere di che si tratta, dell'aspetto che ha?» – e subito esultai – «Certo! Ma prima dimmi, c'è altro che hai visto?» – «Beh, sì, c'è dell'altro. Ci sono animali che hanno delle tane sottoterra, ne ho individuate alcune e visto molti movimenti. Catturarli non sarà troppo difficile. Ma c'è un enorme problema, non possiamo più dividerci. TE LO RIPETO, non possiamo più dividerci. Non dobbiamo più stare soli». Gli chiesi il motivo, anche se era sensato – «Se qualcuno di noi si stacca dal gruppo, tu lo fermi, o perlomeno ci provi. Giuralo.» – «Hai visto dei coyote e dei lupi vero?» – ironizzai – «Dai, basta che accendiamo un fuoco e ci portiamo le torce, te lo assicuro. Al massimo potenziamo un po' l'accampamento con delle spine di legno» – ma lui, un po' sbuffante, disse – «Lascia perdere, fa niente. Faith dov'è?» – «Al campo, sta cucinando. Ora mi dici che aspetto aveva?» – e stava per parlarmene, quando Faith ci vide, essendo venuta a cercarci anche lei risalendo il fiume.

Per fortuna non era rimasta sola per troppo tempo, o sarebbe stata la sua fine.

Tornati al campo, ci aspettava un pranzo niente male: quei funghi giganti tagliati a cubi che sapevano di cheesecake, vesce e prataioli cotti in padella, in pentola riso con ortica e felce, e sulla griglia le mazze di tamburo. Connor provò a cuocere alla griglia uno dei funghi freschi al sapore di gelato, e se ne pentì subito per il sapore estremamente schifoso. Io e Faith, che sapevamo un po' di queste cose, sogghignammo per la sua ingenuità.

Finito di mangiare, tagliai delle bacche di biancospino e di rosa canina, prese da Connor durante l'esplorazione, e mettendole sul fuoco in una tazza creai una specie di marmellata senza zucchero, che bolliva come caramello. Non avendo pane, la mangiammo a cucchiaiate. Finimmo il pranzo con del tè al pino silvestre, e ognuno di noi si riposò nella propria tenda.

Personalmente, dormii come un sasso. Sognai un mondo strano, come fatto di cera colorata, sfumata ed accesa. Il terreno era fatto a cerchi che formavano piccole montagne, lucide e lisce come lo scarabeo rinoceronte che avevamo visto. Strutture simili a braccia si elevavano verso il cielo, e disintegrandosi, emanavano luce bianca, come fulmini da una nuvola viola immersa nel cielo verde acqua e arancione.

Mi svegliai improvvisamente. Connor mi stava strattonando il piede – «Svegliati, devo dirti quella cosa.» – e alzato, ci ritrovammo attorno al fuoco io e lui. Spezzò subito la tensione – «Ho visto una casa, è devastata, abbandonata in mezzo al verde, completamente muschiata all'esterno. Non sono entrato, ma fuori c'è… Un fuoco spento, non nostro. Significa che non siamo soli. E credo che all'interno della casa ci sia un errore.» – «Loro?» – domandai pronto – «Ne dubito, almeno per ora, ma dobbiamo sicuramente entrare. Non escludo però che ci stiano cercando già all'interno della foresta. Per questo è importante che non ci dividiamo» – «E a Faith? Diremo solo che hai visto una casa abbandonata?» – «Non possiamo parlarne così, a malapena so se posso fidarmi di te, più che altro non ci crederebbe mai, ci prenderà per pazzi» – «Faith non ci prenderà per pazzi» – affermai, ma subito presi la mia decisione – «Se ne è accorta quella volta che ho detto quelle frasi. Ha visto che qualcosa non andava. Avevamo stabilito che sta in ogni essere umano questa capacità, lo sai, va solo attivato con qualcosa, almeno di questo siamo sicuri. Dovremmo provarci» – e lui – «Non esagerare con le informazioni, che potremmo demotivarla ancora di più, meglio tenerci sul vago.» – «Va bene, stasera gliene parleremo, ma domani andremo a vedere quella casa tutti insieme. Non possiamo nasconderci le cose, sarebbe il caos» – e dicendo questa cosa, pensai al nostro bacio prima di fuggire, che ovviamente continuammo a tenere nascosto – «Mi sembra l'idea migliore» – concluse.

Faith si svegliò con la cena già pronta e i capelli arruffati – «Dormire qui è fantastico. Ti senti avvolta da suoni rilassanti e naturali frequenze» – esclamò. Mangiammo in piena allegria finché, svuotati i piatti, Connor iniziò a parlare – «Dobbiamo dirti un po' di cose. Noi…» – e parlai anch'io – «Tutti i discorsi che facciamo sulla realtà, sui dubbi che ci poniamo, sono… Sono cose vere. Sono dubbi che non puoi metterti ad affermare o negare, ma ci sono. Non ci facciamo convincere che questa sia la vita vera. Come ho detto in principio, qualcosa non va. La cosa più semplice che possiamo pensare è che...» – «Che sia tutto un costrutto. Una meravigliosa opera fatta ad hoc per le nostre potenti menti, per tenerle sotto controllo. La metropoli, e il terreno proibito. Un' isola, e un mare infinito. Ora ti chiedo, anzi, ti chiediamo, se la perfezione della realtà costruita sta proprio nell'isola, cosa accade nel terreno proibito che è infinito?» – e Faith rispose – «Si direbbe che necessariamente sarà imperfetto. Non puoi costruire sull'infinito» – al che, io e Connor ci guardammo, e le risposi – «Oggi lui ha trovato una imperfezione. Un errore di creazione della realtà». Faith ci guardò stranita – «Forse quell'*Hirnshunt* ci ha dato alla testa, ma mai come ciò che ci profilavano ogni giorno sotto compresse e pane di plastica» – e guardandoci serissima, chiese – «Di che si tratta?».

Capitolo 4: Capsule

Non credo il mondo possa essere migliore. Un mondo migliore non sembriamo volerlo, tanto meno meritarlo. Del resto, quando nasci in X, come puoi non essere X? Costretti nel limite, e poi tracotanti. L'umanità merita l'estinzione, non un nuovo mondo, e a quanto pare sembra bramarla.

Faith ci aveva parlato di come sua madre volesse studiare criminologia, ci raccontò che aveva letto tonnellate di libri, che studiò così tanto per quell'obbiettivo, ma che non lo raggiunse mai. Anche la mia aveva subito un destino simile. Mi aveva insegnato i linguaggi antichi. Disse che ero ormai uno degli ultimi che li avrebbe conosciuti. Lei era infelice, ma non si lamentava mai. Diceva e credeva che fosse giusto così, ma non lo era affatto. Oltre quaranta anni di vita sprecati. Entrambe le nostre madri tornavano a casa e si alienavano. Non leggevano più. Improvvisamente si erano come robotizzate. Tutto il tempo di fronte a quei dannati schermi. Luce che graffiava. Connor aveva metaforizzato l'uomo ad un virus, insidiatore, distruttore dall'interno, pronto a riprodursi e spostarsi continuamente. L'unica differenza, diceva, è che il virus non distrugge la totalità della natura. Diceva che ormai la Terra era spacciata, e lo interruppi – «Anche se infinita e non reale, la inquineremo 'anche qui'» – pensando che i virus sarebbero stati la medicina della Terra all'influenza umana.

All'ascolto delle parole 'anche qui', Connor ebbe un sussulto. Non capivo il suo sguardo. A Faith mancò il respiro e mosse le gambe, unendo le ginocchia – «So che è impossibile arrivare ad una realtà e verità assoluta, ma voglio combattere per raggiungerla. Il mistero ci è semplicemente davanti agli occhi. Non ce la faccio più a 'simulare' il benessere, ragazzi. Non posso.» – e alla parola 'simulare' di nuovo accade la stessa cosa – «Ogni notte, da solo, ho paura.» – e tutti videro per un secondo ciò a cui mi riferivo: una stanza sferica, un letto, e qualcuno sdraiatovi sopra, con un cavo sul retro del collo collegato ad un muro – «Questo è reale. Noi siamo liberi, limitati umani, uguali di fronte alla paura, che non scegliamo il controllo della realtà ma il suo più totale abbandono. Questa è la nostra fuga. Questa è la nostra rinascita. Gli altri si autodistruggessero come vogliono.» – e qualcosa era successo. Qualcosa sarebbe presto cambiato, dopo così tanti segnali di errore.

«Tutto ok?» – chiesi a Faith. Stava urlando di gioia alla notizia – «Ma stai scherzando?! Siete seri? Una casa qui? In mezzo alla foresta, abbandonata e isolata. Una casa.» – e cacciò un altro urlo di felicità – «Eh, così racconta Connor, perlomeno dall'esterno, però sì, confermerebbe quello di cui parliamo» – dissi. Era agitatissima e si prese una sigaretta. Ironizzò dicendo che secondo lei avevamo preso i funghi sbagliati. Con il senno di poi, poteva anche avere ragione. Faith non finì tutti gli esami, così come le mie conoscenze erano piuttosto limitate a mere informazioni di funghi e piante, e non conoscevamo certo tutte le varianti simili, tossiche, velenose, né tanto meno allucinogene, e mentre continuavamo a viaggiare con i pensieri, ne tirai fuori uno molto affascinante – «Ci avete mai fatto caso che l'universo ha la stessa forma dei nervi cerebrali? È la stessa forma delle galassie ammassate e circondate da materia oscura e energia oscura, e hanno la stessa forma di due germogli di felce uniti. Se fosse uno solo, cioè se il multiverso non esistesse, questa sarebbe l'unica realtà manifestatasi, mentre se esistessero altre realtà parallele a questa, se ne creerebbe una per ogni possibilità d'esistenza, e allora sarebbero tutte uguali o tutte diverse. Ma se fossero lo stesso universo non avrebbe senso che esse siano tante, ma solo una, quindi in quel caso il multiverso sarebbe un solo universo formato da tanti uguali a sé stesso, all'infinito. Se fossero tutte diverse, invece, sarebbero incalcolabili, e la nostra non potrebbe che essere l'unione di tutte le possibili, e quindi sempre una sola realtà: questa.» – e Faith ripeté – «Si, ok, ci siamo sicuramente confusi con i funghi, guarda che discorsi strampalati stiamo facendo» – ma ovviamente scherzava. Connor si agganciò al discorso sulla coscienza, più che sull'universo – «Io credo invece che la nostra mente si stia trasportando continuamente verso realtà alternative, tipo immortalità quantica». Gli risposi che anche in quel caso il percorso manifestato sarebbe stato sempre uno, composto da ogni salto quantico. Faith propose una teoria differente – «Magari è tutto solo un programma, e Dio la matrice di quel programma eseguito» – Connor, guardandola, le rispose – «O forse Dio sono io, ma i miei poteri sono dormienti» – e ridemmo, prendendolo in giro per la sua superbia. Io entrai in un circolo di pensieri senza fine – «Capita solo a me di vedere onde scure e luminose che vanno verso la mia fronte, come se ci fosse qualcosa a cui vengono immesse energie verso la parte alta degli occhi, o come se attraversassi un tunnel, un velo, o un abisso? Il punto è che il modo in cui viviamo la realtà è diverso da quello del sogno. Non vediamo forse le cose in mezzo all'oscurità? O le stiamo semplicemente disegnando con la mente?» – e Connor subito mi rispose – «Non lo so, ma chiudi gli occhi e cammina. Ti sembrerà che ci sia un essere che si muove al posto tuo, come un'anima, lunga e di energia colorata. E forse con le ali!». Faith ci disse di smetterla con le stronzate, che ci avrebbe voluto raccontare una storia, così la accontentammo.

Iniziò la sua storia – «Un enorme grattacielo, una colata di ferro, cemento e vetro, alto migliaia e migliaia di metri. Dentro, ovviamente, ci vivono i mortali, in alcuni appartamenti grandi tre metri per uno. Sono qualche milione, almeno così dicono le stime dei monitor che ognuno di loro ha nel proprio cubicolo. Ogni giorno, alla stessa ora, si riceve il nutrimento, e ogni notte si dorme… Ma senza sogni. Quando un mortale esce dalla propria capsula lo fa solo per sfogare i bisogni fisici. Di svaghi ce ne sono migliaia, compresi quelli scaricabili sugli schermi. Non esistono panorami se non un claustrofobico corridoio vuoto. Enormi TV ricoprono le pareti, e scritte recitano: 'l'esistenza deve rimanere legata al lavoro, l'esistenza deve rimanere legata alla famiglia, l'esistenza deve rimanere legata al giudizio e al sistema. Qui sei te stesso, lì fuori non avrai questo privilegio. Avrai tutto ciò di cui hai bisogno. Guadagnatelo, lavora, consuma, e sarai felice. C'è la guerra fuori di qui e il tuo aiuto ci è prezioso per concluderla. Lavora per un futuro migliore'. Ad ogni piano del grattacielo, alla fine e all'inizio di ogni corridoio, quasi speculari, c'è una finestra che dà sull'orizzonte. Il colore è tristissimo, di un grigio scuro invariabile. Le persone non la guardano nemmeno. I led abbaglianti sono più ipnotici, ma un mortale, uno solo, la guarda ogni giorno. Nessuno ha mai provato ad aprirla, la paura indotta manipola le azioni, ma non ci sono sbarre a bloccarla. È solo vetro, e il suo sguardo sembra essere l'unico in cerca di risposte, di domande, di contatto, ma tutto è chiuso da un alone di vergogna e di disagio. Gli schermi fungono da surrogato dell'intimità. Difatti, imbarazzo e paura non si percepiscono tramite essi, nelle conversazioni simulate. Come Frank della storia precedente, anche questo è un errore cosciente… E una notte si rende conto della menzogna che lo circonda, e in totale delirio, poiché non vi è una vera e propria via di uscita, prende la rincorsa dal fondo del corridoio e si schianta verso la finestra, infrangendola in milioni di pezzi. Così… Cade nel vuoto, nel grigio sfondo infinito.» – e concluse la storia. Ero perplesso, e anche Connor – «E poi? Cosa succede?» – chiesi stupito. Lei, felice come non mai, sussurrò – «… Lui non toccò mai terra».

Capitolo 5: Dubbi

Questo posto mi sta facendo impazzire. Oggi ho avuto un momento in cui mi sono ritrovato in un mio ricordo: da che camminavo in un corridoio pieno di persone, in un angosciante silenzio, ero immerso dentro al fiume.

Forse la mia mente si deve ancora abituare alla realtà. Del resto, scrivendo i miei ricordi, e soffrendo di derealizzazione, la mia mente fa un salto in essi e poi torna qui nella realtà, se così si può chiamare questo abbagliante luogo.

In mano avevo una fiocina, pronto ad usarla contro qualche pesce. L'aveva costruita Faith tagliando verticalmente del bambù con il coltello, dividendo in quattro parti l'estremità, e appuntendole. Incastrandoci due bastoncini, le spine create rimanevano separate e aperte, legate con dei vinili.

Connor stava organizzando il tavolo ed il fuoco. Preparava una marmellata di more selvatiche e altre drupe rosse, mentre ci raccontava della strategia della tensione. Cronache nere, notizie tragiche ingigantite, falsi allarmi di epidemie, imminenti guerre. Tenere a bada il popolo, al chiuso, per controllarlo meglio – «Il mondo è cambiato in pochissimo tempo. Ora le guerre non esistono più secondo la gente comune. Il loro pensiero è che la guerra è qualcosa che dovrà scoppiare, quando invece c'è ogni giorno. Così nessuno pensa ad una soluzione definitiva. Le nostre metropoli funzionano in questo modo tra di loro. Inviti alla moderazione su determinate cose, ricatti, ultimatum. Ma è solo una gran cazzata, ci si bombarda per gioco, per spaventare un po' tutti, preferendo in cento anni cento bombe, piuttosto che milioni in qualche anno» – «Siamo delle cazzo di marionette guidate» – aggiunsi, lanciando la fiocina e fallendo nuovamente il colpo. La corrente del fiume era di un freddo ustionante. Sarebbe stato bello immergercisi e lasciarsi trasportare da essa, fino a raggiungere il mare forse, ma dovevo cacciare. Faith aveva creato anche un archetto per la brace: un bastone curvo tagliato e rifinito alle estremità, che andava usato con i lacci delle scarpe come corda, e un legno piatto di betulla con numerosi fori da frizione – «Credo di aver sentito un grosso animale stanotte. Con gli accendini finiti e l'acciarino non eterno, dobbiamo prevenire» – diceva. Dopo svariati tentativi, finalmente presi un pesce, conficcandogli tre spine su tutto il lato. Entusiasta, Faith raccolse delle piante di citronella, sradicando le radici bianche, e le tagliò per metterle in cottura con il pesce che avevo sviscerato.

Il ricordo del cibo era più intenso di quello che ci danno qui: il sapore della pianta che ricordava vagamente il limone, il pesce appena pescato, era tutto studiato nei più minimi dettagli.

Mangiammo i funghi avanzati dai giorni prima, raccogliendo anche qualche altra mazza di tamburo. Una insalata di riso, senza sale, con pesce, citronella, funghi e un po' di marmellata di frutti di bosco a parte. Forse non il migliore ultimo pasto per qualcuno, ma forse per Connor sì.

Rifocillati, ci mettemmo in viaggio verso la casa abbandonata. Durante il tragitto, Connor posizionò una piccola trappola vicino alle tane di cui mi aveva parlato. Un semplice cappio: quando il collo dell'animale ci sarebbe passato, fuggendo si sarebbe stretto. Mi insegnò a farne uno, e ne posizionai un altro paio, nel caso in cui gli altri non avessero funzionato, mettendo le bacche come esca – «So che è crudele, ma è necessario se vogliamo rimanere qui» – disse. Salendo in direzione della montagna, continuammo a cercare qualsiasi cosa potessimo mangiare – «*Lacrymaria lacrymabunda*[10], lamelle brune nerastre, velo abbondante che eccede sul bordo del cappello feltrato, sporata scurissima. Guarda, ha le goccioline marroni sotto, sono come piccole lacrime» – cercava Faith – «Se non ricordo male non è consigliato mangiarlo, anche se è tra gli edibili. Ci sono molte specie *russula*[11] qui intorno» – dissi. Troppe varianti della stessa specie, non potevamo rischiare. Connor si ricordò, nel percorso che facevamo, che aveva visto nei paraggi della zona un paio di funghi dell'aragosta, *lactifluorum di hypomyces*[12], rossi fuori, bianchi dentro. Io mi imbattei in dei semplici boleti dorati, non molto appaganti ma pur sempre calorie, riconoscibili dalla spugnosità dei pori gialli, che se toccati diventavano azzurri. Raccogliemmo anche qualche porro selvatico e le radici di alcune primule. Connor, poi, si fermò. «Ragazzi, è qua davanti».

Leggevo il terrore nel suo volto, ma prese coraggio e disse – «Vado prima io, dopo vi faccio un fischio e proseguite».

... Dovevo fermarlo, dovevo dargli retta, me lo aveva anche fatto giurare, ma mi era del tutto passato di mente. Ormai si era incamminato tra i tronchi. Ormai era rimasto solo.

Rimanemmo ad attenderlo per oltre dieci minuti, poi sentimmo il segnale. Ci urlò dalla casa – «Venite, sembra non esserci nessuno, ed è incredibile!». Avvicinandoci lentamente, riuscimmo finalmente a intravederla. Era veramente strana: inglobata dal tempo fuori, mentre dalle finestre in alto si vedeva l'interno di un colore bianco acceso, pulito, che la rendeva del tutto fuori luogo e simile alla metropoli.

Il fuoco spento era accanto all'ingresso – «Potrebbe essere di qualche altro fuggitivo, non credo siano Loro.» – disse Faith, e vi entrammo. Al primo piano tutto sembrava ordinario, c'era del mobilio devastato dall'umidità, ante e porte scardinate, polvere, radici e edera rampicante. Non c'era nulla di utile, tanto meno di non consueto. Connor puntualizzò che non era salito al secondo piano, ma gli sembrava non ci fosse nessuno perché non sentiva alcun rumore. Decidemmo di salire prima io e lui, con i coltelli in mano. Faith avrebbe aspettato in fondo alle scale.

Un gradino in pietra alla volta, ci fermammo poco prima del secondo piano. Era abbagliante e splendente. Mattonelle esagonali bianche ricoprivano tutti i muri. Non c'era polvere e la luce ci accecava, ma abituandoci ed entrando nella stanza, subito ci prese uno spavento enorme. Un cadavere stava per terra, appoggiato al muro e con un coltello in mano. Per il panico, mi sembrò come se il sangue stesse ancora colando, come se si fosse tagliato la gola da pochi secondi – «NON SALIRE!» – urlai – «C'è un morto.» – aggiunse Connor, e Faith, palpitante, iniziò a sentirsi male anche se non lo aveva visto. Noi due non sapevamo cosa fare. Oltre al cadavere c'era un tavolo, un quadernone, una matita, una cassapanca al lato della sala, una ceramica per i bisogni, e un letto in condizioni perfette. E basta.

Non era possibile. La paura mi diceva che stavo vivendo la realtà, e io le davo retta, anche se la situazione non era contestualizzabile. Il coltello che aveva era semplice, come di quelli che danno in plastica nei distributori, ma era di metallo e non molto affilato. Sul tavolo, il quadernone era aperto all'ultima pagina. C'erano foto, scritte, nomi, e biglietti. Connor prese dal letto il lenzuolo che sembrava appena stirato, e lo mise sopra il volto ormai pallido del cadavere. Io, con le mani ancora agli occhi, respirai profondamente per calmarmi, guardai il quadernone e lessi una frase sbiadita:

SE SCEGLI DI MORIRE NEI RICORDI, NON DIMENTICHERAI NULLA AL RISVEGLIO.

. . . E–NE–E ...

Quel piccolo codice in fondo, ovviamente, parlava del nulla.

"Sta dicendo che questo è il nulla? Non si può ricordare, non si deve ricordare, o sarebbe qualcosa. Ricordare. Risveglio. Dobbiamo risvegliarci, morendo nei ricordi?", erano i pensieri che mi facevo in quel momento.

La stanza. Gli esagoni lucidi sporcati dalle nostre impronte fangose e dalle briciole di terra. Era tutto paradossale e contraddittorio.

«Deve essere impazzito per la solitudine» – ipotizzò Connor.

Avevo ragione a pensare che Loro lo avevano già catturato. Non avrebbe mai affermato niente del genere.

Mi girai verso la cassa e rimasi sorpreso di trovarci dentro una canna da pesca con lenze, piombini, del filo e un guanto ignifugo. Sotto l'armadio, Connor trovò anche una pala arrugginita e una trappola per animali a scatto. Erano tutte cose di cui avevamo urgentemente bisogno. Pensavamo a come fosse possibile quel luogo – «Se fosse un reietto della realtà che non viviamo? Di quella realtà che simula questa? Se questo fosse il suo luogo, e avesse voluto trasferire qualcosa di suo nella nostra realtà per avvertirci? Per farci capire che dovevamo uscire? Per aiutarci?» – «Questa stanza è indubbiamente strana. Non lo so.» – rispose – «Strana? Questa stanza è completamente fuori dal tempo! Ed è simile a quella che vediamo in quei momenti!» – urlai – «Ma cosa diamine...» – rispose Faith, che aveva salito le scale – «Che diavolo è questo posto?» – chiese – «Faith! Non dovresti vedere...» – replicò Connor. Non gli rispose, e ignorando completamente il corpo, andò dritta verso il quaderno sul tavolo. Rimase quasi impietrita, ma alla lettura della frase ebbe un sussulto al cuore. Accanto a lei, la vedevo indicare con il dito la frase, per poi guardarmi negli occhi e sorridere. Stavamo pensando la medesima cosa, e fingendo di piangere, singhiozzò – «Connor, ci lasci un momento soli? Puoi aspettarci giù...» – e lui obbedì, stringendole per un momento la mano e scendendo le scale. Non appena capimmo che non ci poteva vedere, mi prese la mano e simulò con le labbra una parola – «Guarda!». Indicò prima la frase con il codice in basso scritto molto piccolo, e togliendo il lenzuolo al cadavere, lo girò per farmi vedere il retro del collo. Un buco stava all'altezza della terza vertebra, e sembrava quasi un jack per le cuffie, con un codice a barre simile ad un tatuaggio subito sotto. Lo ricoprì immediatamente con il telo e ci sbrigammo a raggiungere Connor. Anche lei doveva aver intuito che qualcosa in lui non andava, perché non intendeva dirgli nulla. Quel giorno che trovammo il corpo, non la vidi sorridere fino all'alba.

Tornando all'accampamento, controllammo le trappole. Una delusione. Tre su quattro non avevano funzionato. Un coniglio lo avevamo preso, ma dopo aver passato una giornata del genere, dopo aver visto gli occhi senza vita due volte di fila, con un segno rosso intorno al collo per giunta, non aiutava a digerire la cosa.

Al campo, Connor preparò il tè. Io mi lavai le mani e la faccia al fiume per calmarmi. Faith svuotò le sacche con le provviste e iniziò a tagliare e pulire i funghi in silenzio.

«Pulire la selvaggina» – mi ripetevo. Infilai la lama nella pelliccia della schiena, e con le dita allargai il taglio tirandolo e sfilando la pelle dai muscoli. Dovevo aprire le zampe e tagliare attorno l'ano, facendo uscire anche le feci, per poi tirare la coda e tutto il sottile intestino. Arrivato alla parte dopo, vomitai dentro al fiume. La mia angoscia sembrava aumentare sempre di più. Gli altri si accorsero di me e provarono ad avvicinarsi, ma li bloccai con la mano, facendo boccate di respiro cortissime. Misi l'intera testa sott'acqua, trattenendo il respiro. Sentivo la potenza dell'acqua, lo scorrere maestoso, e in gelida apnea riuscii a placarmi. Uscendo fuori, inspirando con forza per il freddo, dissi – «Va tutto bene. Sto bene.» – e mi rimisi a lavoro una volta raccolti i bagnati capelli lunghi. Da sotto le costole infilai la punta del coltello, incidendo e facendo fuoriuscire il resto degli organi interni, tirandoli fuori con la mano. Cuore, polmoni, reni, fegato. Sangue scuro mi ricopriva e appiccicava le dita, denso. Sciacquai la carcassa alla riva, tagliai le zampe, separai ogni arto dalla cassa toracica e dal coccige. Era pronto per essere cotto al fuoco. Tra le tante domande che iniziammo a porci, una si ripeteva da giorni ormai nelle nostre teste – «Staremo ricevendo le nostre calorie indietro?».

Connor cucinò. Io riposavo, e così anche Faith dopo aver posizionato la trappola a scatto non troppo lontano. Sdraiato sul terreno meditavo su quanto visto, respirando lentamente. La paranoia si alimentò quando mi passarono e fumai una canna, l'ultima che ci era rimasta a detta di Connor.

"E se fossi già morto e stessi ripercorrendo tutta la vita dal momento d'inizio a quello della fine? Dopotutto, alla fine non ripercorriamo tutta la nostra vita? Se stesse accadendo tutto infinite volte? NE… E…" – e non sapevo neanche chi me l'avesse passata, ma credo fosse stata Faith dopo avermi visto reagire a quel modo nel fiume. L'odore dei funghi che cuocevano e della carne mi rinsavì. Avevo una fame che faceva impazzire. A fine giornata, due cose mi rimanevano chiarissime in testa: Faith e la scritta. Se non fossero state le giuste idee per fuggire, non sarei qui a scrivere ora. Era l'indizio utile sul mistero della nostra esistenza. La conferma di aver effettivamente scelto questa vita. Mi chiedevo se il mio fosse stato masochismo o se ero stato forzato a scegliere tutto questo marcio e oscuro dolore. Puntai tutto sulla seconda opzione, e ora che scrivo, incasso tristemente la vincita.

Sfortunatamente, però, la risposta è più complicata del previsto. Scrivere questo diario, ora come ora, è l'unica cosa e probabilmente l'ultima che riuscirò a fare, prima di crollare del tutto. Scrivere mi tiene sveglio. "Nessun dorma", vorrei urlare a tutti quelli che incontro, vorrei scriverlo sui muri, ma purtroppo non posso farlo.

Mangiando il coniglio, la cui carne mi piacque moltissimo, e i funghi, notai che apprezzavo molto di più il cibo di prima. Anche Faith provò la stessa cosa. Non davamo più nulla per scontato. Connor invece non proferì parola, e così decisi di iniziare a raccontare qualcosa per svagare il momento. Mi accesi una sigaretta con un bastone rovente, e esordii con – «Sapete, il concetto del tempo come una linea che scorre in un'unica direzione non posso condividerlo. Secondo me, si tratta di una successione di istanti che si creano e si autodistruggono, e l'autodistruzione fa sembrare il movimento in una singola direzione, quando in realtà esiste solo l'ora. Immaginate una scala a chiocciola infinita: puoi scendere, salire, anche dieci scalini alla volta o uno solo, ma non c'è prima o dopo, non ti stai muovendo. Sei ora, lì, in quel punto sempre uguale a sé stesso» – Faith replicò dicendo – «È come la teoria del Dio che distrugge e ricrea la materia ogni secondo. Credo che ogni cosa che faccio e accade sia così per un motivo, un motivo che ha causa nel caos ordinato. La sezione aurea, i frattali, l'entropia dei cristalli. Stanno venendo scritti nella battaglia dei due opposti». Connor, totalmente contrario al pensiero, affermò – «O forse il Dio è un programmatore, e lanciando il programma ha deciso tutto il codice, che sta solo venendo eseguito» – e aggiunse – «L'importante è che non ci siano errori, o il codice non riesce ad eseguirsi, e il percorso a crearsi».

Trovandosi dalla parte opposta delle nostre idee, e finendo di mangiare, cambiai argomento parlando della mortalità dell'anima – «La reincarnazione è possibile solo dall'anima che non perisce, ma cambia continuamente. Il nirvana sarebbe quel processo di stop della reincarnazione, tornando e rimanendo ad essere l'*Unicum*. Ma se accadesse e ce ne potessimo ricordare normalmente, allora questa sarebbe la prima e l'unica anima che stiamo vivendo, quindi avrebbe importanza reincarnarsi se non puoi neanche ricordare tutte le esperienze? Se non le ricordiamo o non c'è motivo che sia così, o ce lo stanno impedendo. Dobbiamo ricordare, forse...» – e guardai Faith – «Già, ti do ragione. Tanto vale provare quando accadrà quello che deve accadere.» – mi rispose. Connor si isolò nella sua tenda, depresso. Dopo il pasto mi misi a creare un cucchiaio in legno, utilizzando la brace per la parte curvata, e il coltello per la rifinitura. Venne piuttosto carino.

Andarono a dormire, mentre io rimasi seduto accanto al fuoco, contemplando il cielo, i miei ricordi e i miei sogni.

Tra questi, senza poterli distinguere, vedo una singola finestra circolare, e al di fuori di essa lo spazio interstellare. Pianeti. Colori. Mi vedo circondato da una foschia sanguigna, bianca e rosa, che appare come una violenta coltre di nulla. Sono in una casa in mezzo al deserto, con la Luna che illumina tutto, e c'è una ragazza dai capelli lunghi e castani. Ceniamo sul tetto, ci sono vasi con fiori viola e arancioni e le stelle sono blu. Sento l'amore, e poi confusione.

Mondi bianchi. Mondi generati al computer fatti di tubature verdastre. Vibrazioni, acufeni a particolari frequenze. Codici. Un libro aperto in cui leggo scritte in alcuni simboli, il linguaggio antico che mia madre mi aveva insegnato. Foreste verdi accese. L'infinitamente grande e l'infinitamente piccolo.

Al risveglio, gli altri avevano pronti su un tronco caduto qualche etto di caffè macinato, fatto dai tuberi tostati dei denti di leone. Avevo passato la notte in bianco a preparare il necessario per la giornata. Avevo sistemato la canna da pesca, montato ogni pezzo e catturato i lombrichi dal terreno, affilato i coltelli, raccolto la legna e trovato dei funghi analizzati con il diario di Faith. Poi, avevo raccolto la linfa di betulla, la *birchsap*[13], nei thermos legati ai tronchi a cui avevo infilato dei bastoncini, che, goccia per goccia, avevano riempito i contenitori. Facendo così, non avremmo dovuto filtrare e bollire l'acqua per berla ogni singola volta.

Faith fu la prima a svegliarsi. Alle prime luci del mattino, uscì dalla tenda e vedendo i funghi li controllò con la mano. Evidentemente preoccupata dal mio stato, mi raggiunse – «Ei! Ma stanotte hai chiuso occhio?» – e quasi in automatico riempii la moka di finto caffè, mettendola sul fuoco – «Neanche per un secondo. Oggi abbiamo molto lavoro da fare». Replicò – «Ma devi risposare! Ti dai un gran da fare» – ed io, attivo come non mai, risposi – «Non ti preoccupare, questo caffè è speciale» – e riempiendo le tre tazze, gliene porsi una – «Grazie...» – rispose. Al primo sorso e al respiro di soddisfazione, sentii un rumore in lontananza. Non ci si fermava un attimo: era la trappola a scatto. Lasciai la tazza a Faith e prendendo il coltello corsi in direzione del suono. Inerme, spaventata, e senza via di uscita, c'era una marmotta maschio. Aveva mangiato le more e stava provando a uscire, graffiando la gabbia metallica. Più mi avvicinavo, più mi rendevo conto di quello che avrei dovuto fare. Non una cosa che avrebbe gioito alla mia salute mentale, non in quel momento. Il cuore pompava tachicardico, e sentivo dolore nel mio sguardo pulsante. La mia visuale vibrava, il mio petto impazziva.

Puntai la lama vicino al cranio. Iniziò a soffiare per allontanarmi. Non lo avrei sopportato ancora a lungo. Era la sensazione del vuoto, la stessa che provavo vedendo Faith, quella che mi faceva tremare i polsi e le gambe. Gli occhi della marmotta mi fissavano. Aveva smesso di agitarsi, e sembrava accettare. Smise di respirare per un secondo, così anch'io, poi ricominciò, e così anch'io. Entrambi lo sentivamo. Si fermò un'altra volta, e a quel punto la mia lama cadde in mezzo alle grate. Sentivo il rumore delle ossa rompersi, e la morbidezza della carne. Avevo gli occhi aperti. Non si chiudono gli occhi al peccato. Il suo sangue era imperdonabile.

Morta quasi all'istante, potei tirarla fuori dalla gabbia. Nonostante le lacrime, vidi perfettamente il suo corpo. La carcassa andava lavorata a fondo prima di essere cotta. Faith, avendo sentito lo sparo, mi raggiunse. Le lacrime mi si erano seccate al freddo. Ero a terra, con la scena dell'omicidio in mano.

Tu, mi abbracciasti da dietro, più forte che potevi. Mi ripetevi che non aveva sofferto. Mi hai detto di guardarti. La tua voce risuonava dentro di me, e vibrava della tua anima – «Respira un secondo. Stringi i pugni. Bevi un sorso d'acqua. Ravviva il fuoco.» – e mentre andavamo verso il campo, oltre a dirmi tutto questo, mi stringevi la mano. Il tuo pollice mi carezzava sfiorandomi. I tuoi occhi erano puntati su di me, mi seguivano preoccupati e pronti ad aiutarmi. Connor si era ovviamente svegliato. Mi chiese cosa fosse successo e lei gli spiegò che non avevo dormito, che avevo avuto una crisi.

Mi ringraziò del caffè macinato. Gli ricordava quello normale, diceva, ma sentivo che non lo stava apprezzando in alcun modo. Non percepivo più nulla da lui. Negli occhi di Faith, invece, vedevo il vento che glieli faceva socchiudere, illuminando l'iride della luce del sole, e colorandola di verde nei riflessi. Mettemmo la marmotta a bruciare direttamente sul fuoco, per toglierle i peli, e l'odore, fidatevi, non era piacevole per niente. Con il guanto ignifugo la giravo costantemente, e poco alla volta con il coltello toglievo le parti bruciate, mentre mi coprivo il naso con la kefiah.

Venti minuti di odore nauseabondo, e non rimase che pelle marrone, chiara e cotta. Ogni pelo era stato levato. Consigliai a Faith di allontanarsi, perché dovevo aprirla, e mi aspettavo che Connor rimanesse a guardare, ma restò semplicemente nei paraggi, senza avvicinarsi o darmi una mano. Incisi la pancia e tolsi le interiora. In pentola misi reni, fegato, cuore e la carne, con l'ultimo poco sale che ci rimaneva, insieme all'acqua. Un bollito, insomma, con un po' di aglio orsino trovato nei giorni precedenti. Gli altri prepararono la colazione con i funghi che avevo raccolto, e dopo un po' di ore mangiammo anche tutta la pentola di carne. Non scherzo nel dire che fu un'impresa. Svuotata la pentola, dovemmo riposare per recuperare le energie. Connor diede ad ognuno l'ultima sigaretta, ed io non godetti mai così tanto del tabacco.

Si fece pomeriggio. Mi ero messo a dormire dopo l'enorme pasto, e mi svegliai che era quasi sera. Connor, con il diario di Faith, era andato a cercare funghi in una direzione ancora mai presa, mentre io e lei dormimmo quasi fino a tardi. Uscendo dalla tenda, notai la piccola quantità di vegetali e funghi. Il fuoco scoppiettava e Faith si stava scaldando le mani, con in bocca un joint appena acceso – «Si, è l'ultima.» – affermò senza guardarmi – «Posso approfittare? Credevo quella di ieri fosse l'ultima» – «Connor ha mentito a quanto pare, l'ho presa dal suo zaino». Mi avvicinai al fuoco sogghignando – «Però, che abilità». Dopo aver passato un po' di tempo in silenzio a fumare, si alzò – «Mi aiuti a pescare?».

Capitolo 6: Visioni

Camminavamo scendendo il fiume e scrutando qualsiasi movimento. Era difficile muoversi con l'attrezzatura da pesca, evitando che la corda si impigliasse da qualche parte, ma riuscii a non farla scontrare ad alcun ramo – «C'è un fungo particolare che voglio trovare. È piuttosto comune, stabiliamo un punto che ci sembra ideale e accendiamo un fuoco, così buttiamo le lenze in acqua e ci mettiamo a cercarlo» – disse.

La cosa mi aveva incuriosito molto, da tutta la vita. Accesi una delle torce che avevamo creato con le pigne e la resina, e ci incamminammo tra gli alberi. «Cerchiamo proprio le 'cime dorate'?» – le chiesi. Mi rispose con un secco sì, era decisissima – «Anche io ho visto quel posto, devo capire di che si tratta. E anche tu vuoi lo stesso, no?». Risposi anche io, ovviamente, con un secco sì – «Allora cerchiamo questi dannati *psilocybe cubensis*[14]» – affermò, e ci incamminammo nella radura in cerca di sterco di animale, dove sarebbe sicuramente cresciuta con l'umidità qualche spora.

Mentre scrutavamo il campo, mi domandò – «Mi vuoi dire che ti passa per la testa? Perché non ti sfoghi mai?» – «Non ti piacerebbe. Non dovrei usare le persone come sacchi da box. Me lo chiedi perché Connor ti ha detto qualcosa?» – «Si, ha accennato più volte a voler tornare indietro ultimamente. Non so se si è già arreso, però me ne ha parlato. Tu, invece, sembri sopportare tutto questo. Forse troppo. Non vuoi lasciare un po' il carico?».

Connor mi aveva nascosto qualcosa, dopo la decisione di non nasconderci niente – «Bisogna farsi in quattro per continuare a vivere qui, ed è quello che intendo fare per tenerci tutti in vita. Questo percorso l'abbiamo iniziato insieme tutti quanti. È più difficile sopportare questo che la schiavitù dalla quale siamo fuggiti? – e mi rispose che non voleva lasciarmi solo, non intendeva farlo, ma se Connor si fosse ribellato e avesse voluto andarsene, sarebbe stata costretta a seguirlo.

Non potevo convincerla che Connor era stato catturato da Loro, né avevo ancora tutte le conferme per dirlo, anche se lei iniziava a pensarlo in qualche modo – «Se lo farai, non voglio che tu ti senta in colpa, così come non mi sento in colpa io per sfogarmi con te adesso, giusto?» – le rigirai il ragionamento che aveva fatto inizialmente – «Perché lo sento che ci tieni a me.» – e lei, arrossita, svincolò dalla cosa dicendo – «Guarda, eccoli qui» – indicando i funghi. Tagliati i gambi, tornammo al fuoco e alle canne da pesca. Li sciacquammo in acqua e li mettemmo ad asciugare un po' al fuoco. Controllammo se i lombrichi fossero ancora vivi, e ributtammo le esche in acqua. Tre funghi a testa.

«Quanto ci metteranno?» – chiesi – «Venti minuti. Un'ora. Dipende. Gli effetti dureranno quattro ore, avendone mangiati tre, saranno abbastanza lievi probabilmente, ma sufficienti per capirci qualcosa».

Accanto la riva, crescevano delle code di gatto. Le sfilammo facilmente dal terreno, mostrando la radice bianca e morbida. Faith, con l'aiuto del coltello, sradicò dei tuberi di bardana, piante violacee sullo stelo, dalle foglie di grandi dimensioni. Io presi qualche mazzo di ortica nelle vicinanze. Aspettavamo che gli effetti salissero, e che i pesci abboccassero.

Seduti vicini, le nostre mani giocavano a non toccarsi.

Era buio pesto, e nonostante l'oscurità, si vedevano chiaramente i colori della foresta. Quando iniziò a salire la *psilocibina*, i colori del fuoco si fecero quasi accecanti, ma il movimento delle fiamme era ipnotizzante. I funghi inebrianti mi fecero vedere figure geometriche variopinte, che si trasformavano in architetture colorate, magnificenti e piene di lucentezza. Lei iniziò a entrare nel panico, provando dell'irrequietezza e del malessere – «Perché fai il cretino? Cosa vuoi? Allontanati…» – diceva, rivolta al fuoco. Lo vedeva muoversi costantemente, quasi bruciandole gli occhi. Iniziò poi a ripetere alcune cose deliranti – «No, lasciami in pace. Vattene.» – «Faith. Cosa vedi? Cosa succede?» – chiesi, cercando di calmarla e di capire se stesse capendo qualcosa – «Mi dà fastidio. E perché c'è quel silenzio? Mi fa fischiare le orecchie. E mi fa male agli occhi. C'è troppa luce.» – alzò la voce. Tolsi dal fuoco qualche legno per diminuire la fiamma, bruciandomi leggermente le dita – «Ei, va tutto bene. Fai uno scioglilingua» – le consigliai, sapendo che ripetendo le parole si sarebbe convinta di quello che diceva, ma iniziando a vedere anche io quello di cui parlava, delirai, ripetendo – «Sonno senza sogni. Sonno senza sogni. Sonno senza sogni.» – e lei con me – «Si, è solo un sonno senza sogni. Questo è solo un sonno senza sogni. Dobbiamo risvegliarci. Ce li stanno rubando.» – e scoppiammo in una risata che non so definire.

Non era gioia. Non lo era affatto. Sembravamo star esprimendo più emozioni nello stesso momento. La mia mente sembrava espandersi come un palloncino. Le presi la mano, mentre gli effetti adesso cominciavano a scendere.

Era passato molto tempo in pochi minuti, di cui ricordo solo – «Tu, al livello più profondo, sei l'universo in forma umana. Capito? Non lo devi scordare» – «Sì, siamo esseri elettrici, galleggianti in un mare elettrico, di un elettrico universo».

Non so ancora come descrivere quel momento. Mi serve ancora qualche giorno per attingere a quella conversazione. Non posso averla dimenticata. Non devo.

Ricordo distintamente i momenti dopo. Ricordo che qualcosa si mosse nell'acqua, iniziando a tirare la canna da pesca – «Guarda, qualcosa ha abboccato!» – urlai. E ci parve una bestia enorme: un luccio colorato, intenso, e terrificante. Faith mi aiutò a sollevare quel mostro, ma i nostri sforzi sembravano vani. Cercavamo di farlo avvicinare poco alla volta, ma subito lui tirava indietro, muovendo colorati cerchi concentrici nell'acqua. Lei continuava a tenere salda la presa e non intendeva lasciarla. Il volto del luccio usciva dall'acqua insieme alla sua ala a ventaglio, incutendo non poco timore.

Alla fine, tirando insieme con tutta la forza che avevamo, uscì fuori soffocante – «Peserà quindici chili!» – urlò lei dalla contentezza della cattura, che rese il finale del trip molto entusiasmante. Lo posammo sui fili d'erba mentre ancora spasmava grandi colpi di coda. Seicento denti, esclusi quelli sulla lingua, il ventre bianco giallastro, il dorso maculato scuro. Il terminale in acciaio era stato piegato e l'esca era stata tutta ingoiata.

Non la levammo finché non mi assicurai che fosse morto, o ci avrebbe sicuramente tranciato le dita.

Conservammo i tagli di carne nelle foglie di bardana, legate con sottili rampicanti, creando piccoli regali con il fiocco. Mi ero convinto che avrebbero sicuramente fatto restare Connor, ma purtroppo, non fu così. Tornati al campo, con le pupille che si stavano finalmente restringendo, lo vedemmo sveglio accanto al fuoco, circondato dall'oscurità – «Ei! Sei sveglio. Guarda!» – disse Faith, mostrando trionfante i pacchetti e le piante raccolte, entusiasta del bottino – «Abbiamo un po' di pesce. Era un luccio gigante, tutto colorato».

Non si lasciava avvicinare. Connor non rispondeva. Cucinavo le radici delle code di gatto, l'ortica e il pesce, ma lui rimaneva in silenzio. La situazione mi stava per fare esplodere dalla rabbia – «Posso sapere che cosa pensi? O continuiamo a fare il gioco del silenzio che ti piace tanto?» – dissi, sistemando il cibo sul tagliere di legno che passai a Faith. Tutta allegra del cibo, si godeva l'ultimo momento che certamente avremmo passato insieme, fregandosene di quello che sarebbe successo dopo. Non era incline a vivere nel futuro, e ormai tutto era quasi senza significato.

«Non basterà mai» – affermò finalmente Connor – «Siamo costretti a tornare indietro. Stiamo dimagrendo a vista d'occhio. Spendiamo più energie di quante ne assumiamo. Andando avanti di questo passo moriremo di fame».

Concluse le frasi, sorrisi sbuffando, e non risposi più. Faith mi passò il tagliere per assaggiare il pesce – «È davvero buonissimo» – disse sorridendo, soddisfatta del nostro lavoro.

Lui, in preda alla rabbia, sbraitò – «Ma che per caso avete preso dei funghetti? Cosa vi prende? Non vi interessa di morire?» – e guardandolo, scossi la testa, ridendo con Faith per la stupidità della domanda. Mi guardava ora senza alcun sentimento. Percepivo solo il suo odio. Il disgusto. Non aveva neanche toccato il pesce che con tanta fatica avevamo catturato.

Mi si avvicinò e iniziò a discutere in modo piuttosto acceso – «Cosa ti frulla in testa quando passi tutto quel tempo in silenzio?» – chiese, e secco gli risposi – «Sicuramente qualche ora fa ti avrei risposto così: che penso alla morte, che mi sento alienato, che penso il suicidio. Mi sento annichilito, isolato, e provo odio, rabbia, rabbia, RABBIA, e inutilità. A volte mi sento inutile. Sono solo, e provo indifferenza, o sofferenza» – e iniziò una serie di domande che normalmente non avrebbe mai posto – «E il sole che ti scalda la pelle? Le canzoni della città? La frenesia del mondo? Tutto questo dolore, tutta questa sofferenza, questa frustrazione, questa rabbia, questo marcio, questo odio, questa falsità, che vai dicendo da prima della nostra fuga, ci sono, ed è inutile negarlo, ma non c'è solo questo e devi lottare con le unghie e con i denti per far sì che non ti sommerga. Così si sopravvive, ma nella società, non qui» – «Al momento provo solo indifferenza per molte delle cose che hai detto, e quelli erano solo i miei pensieri, ma non li posso controllare in questo momento, e rimanere sulla presenza non funziona più di molto ora come ora, dato che stai distruggendo tutto quello per cui abbiamo lavorato duramente in questi giorni. Ormai le tue intenzioni sono più che chiare.» – «Non va bene.» – affermò brutalmente. Gli risposi che se mi mettevo a dare giudizi sulla vita positivi o negativi sulle cose era anche peggio, che se fossi restato nell'apatia almeno avrei evitato di rimanere in uno di quei due stati – «Come quando prendevo i farmaci. Provi di meno in ogni cosa, e quindi pensi di stare meglio. 'Meglio'.» – «Ma se resti nell'apatia non sei nulla, non vivi nulla, non fai nulla. È davvero meglio questo che venire a patti con tutto quello che c'è di negativo? Pensi davvero di non riuscire a sopportarlo?» – sembravano domande di una persona che si preoccupava, ma non erano tali dette dalla sua bocca, e anzi erano poste con un sarcasmo velato da non so cosa – «Non mi sembra che gli altri siano qualcosa, facciano qualcosa, nel posto da cui veniamo. Sembrano galleggiare tutti nel nulla, proprio perché non lo sopportano, ma fanno finta che tutto vada bene e che vivere vada bene» – e di nuovo rispose seccamente, come stesse affermando un assioma non contestabile – «Non possiamo fare altrimenti, è sempre meglio che essere un ignavo come te!» – e urlando anch'io, alzatomi, contestai – «Invece possiamo eccome! Ma siamo solo dei codardi!».

Si placò per un momento, e riprese il discorso – «Quale sarebbe l'altra opzione? Mandare all'aria il sistema? Come se poi non se ne creasse un altro altrettanto malato in forma diversa.» – «L'opzione sarebbe smetterla di essere dei codardi, tutti insieme, e non mi sembra avverrà nel breve termine, soprattutto se il primo codardo sei tu. Se si avanza a gattonate, non si imparerà mai a camminare, bisogna alzarsi tutti in piedi! CAZZO, TUTTI QUANTI! Il mondo può cambiare o non può, e se stiamo al gioco del 'non può', allora tanto vale ammazzarsi».

Faith mangiava il suo pesce in silenzio, e osservava la situazione, sorridendo per le mie parole.

«Io sono giunto alla conclusione che no, il mondo non cambierà, o non cambierà come lo vorrò io, o non cambierà in un futuro prossimo. E sì, la soluzione sarebbe il suicidio, la forma più estrema di libertà, l'atto di volontà di vivere, rinunciare al bene più caro perché non ha senso di essere, men che meno in questo modo. Ma anche se non ha senso e fa schifo, questo ho, e a volte può anche piacermi, quindi a questo punto lo vivo. Non sarò che uno dei miliardi di esseri umani che hanno posato il piede sulla Terra, che hanno vissuto i loro ottanta anni, e che sono tornati polvere, come erano».

Lo guardavo ora come si guarda un traditore. Tempo fa, la stessa persona aveva affermato l'esatto contrario, giurando che non avrebbe mai cambiato idea – «È vero, noi siamo nulla, siamo polvere, ma per il resto, quello che hai detto, è solo una grande cazzata. Le cose per cui sei ancora vivo, le risate, la musica, il sole sulla pelle, o l'acqua fredda sul viso, o i prodotti del piacere, ciò per cui vuoi vivere e per cui vivi, lo stiamo distruggendo giorno dopo giorno, scelta dopo scelta. Per lo stesso motivo per giunta: l'ego. Ti stai giustificando dicendo che torneremo ad essere polvere, mentre tutto quello per cui ti batti andrà in cenere per il tuo egoismo. Venti, trenta anni al massimo, e stai pur certo che 'sta roba per cui sei in vita non esisterà più. E allora perché cazzo dovrei rimanere lì senza alzarmi e cambiare le cose, a cercare il compromesso. Tu vuoi rimanere in vita a consumare finché puoi, e non la vita stessa, ma le cose. Bene, come l'ultimo albero, l'ultimo fiume, o appunto, l'ultimo pesce!» – e glielo indicai, facendogli notare che ancora non lo aveva nemmeno addentato – «Allora dimmi, o senza nome, o innamorato della sua idea, come alzarmi e cambiarlo. Ma non mi vedrai mai, se non costretto, a mettere il mondo a ferro e fuoco per cambiarlo. Io ci provo nel dialogo, nell'educare le prossime vite, quelle che tu non vuoi nemmeno avere, nella connessione con l'altro, e combatto ogni giorno con me stesso, perché so che sarà inutile, perché sto combattendo con i demoni. Ma dimmi, cosa chiedi allora di fare?» – e sogghignando, conclusi il mio discorso – «Io sono qui per farti vedere un punto di vista, per farti pensare, ma non ti illudere, o traditore, non posso insegnarti assolutamente nulla. Soprattutto, non posso darti alcuna soluzione, perché il mondo lo cambi pensando e agendo con consapevolezza. Se ci perculiamo nel compromesso, la coscienza non ce l'abbiamo. Io stesso non ho soluzione, o non starei qui, galleggiante nell'indifferenza e nel nulla, ignavo del mondo, fuggito e auto-esiliato da esso. Preferisco che mi dici che sei un osservatore del nostro tempo non predisposto al suicidio, piuttosto che una persona che vuole vivere perché in alcuni momenti la vita gli piace. Quei momenti diminuiranno sempre di più, e saranno il tuo un percento di irraggiungibile felicità. O sbaglio? Perché con questa mentalità non mi sembra affatto di essere nulla, di vivere nulla, di non fare nulla. Così mi sembra invece di vivere tutto assieme. Tutto lo schifo, tutto il marcio, io me lo vivo. Io non chiudo gli occhi. Io ho gli occhi aperti».

Faith finì di mangiare, pianse abbracciandomi con forza, mentre fissavo il centro degli occhi di Connor. Lui, dopo molto silenzio, immobile, emesse il suo verdetto – «Bene, allora ti lasceremo qui».

Capitolo 7: Lei

Sono bloccato. Non credo che ci sia una via di uscita. Quella caduta ha causato in me un crollo totale.

Come diceva la frase, non dimenticai nulla al risveglio, e finalmente ero tornato ad essere qualcuno, invece che non essere affatto.

Questo si nascondeva in quel codice. E ora posso solo scrivere, seduto nella mia capsula, ciò che ricordo della mia vita precedente, una delle tante andate perdute.

Mai nessuno, tornato dall'Ologramma, era riuscito in questo. Ora ricordo cosa dicemmo quella notte. Nella speranza che serva a qualcosa, intendo segnare tutto qui, così che nessuno perda mai più il potere di cambiare la realtà. Così da non dimenticare mai gli enormi insegnamenti che mi sono stati dati.

Eravamo in pieno trip, anche se lieve, seduti sulla riva. Mi avevi infine toccato la mano. «Pensi mai al perché di tutto?» – chiesi – «Non nel senso della vita, ma... Voglio dire, perché non ci sta un pulsante di stop per dire basta a tutto questo?» – continuai. Mi rispose con una domanda – «Cosa intendi per pulsante di stop? Smettere di vivere o lasciare la partita in pausa? – «Tu non vuoi smettere di vivere. Perché? So già i motivi, ma vuol dire che se uno non ne ha, ha il permesso di premerlo quel pulsante?» – lei si mise a fissare il fiume – «Vedi, il motivo è che ormai l'ho presa sul personale» – disse – «Voglio sfruttare tutto il tempo che ho fino all'ultima goccia, perché mi sono ritrovata qui senza le istruzioni, e poi hanno iniziato a dirmi come dovevo giocare. Passiamo la vita a cercare risposte, ma credo che la risposta sia passare la vita valutando tutto quanto e pensando fino ad esplodere dentro a tutto, senza mollarla mai, finché si può».

Osservavo il filo della canna da pesca – «Perché continuare fino all'ultima goccia se non puoi giocare come vuoi tu? Non più perlomeno…» – dissi, appoggiandomi alla sua spalla – «Perché io ci spero in fondo, anche se mi distrugge veramente. Davvero, mi dispiace per lo schifo che vedo, mi dispiace soprattutto per te, ma amo il mondo e l'umanità con tutto il marcio e so che può cambiare, anche se in maniera insignificante. Magari io ci spero davvero. Ho fiducia e rassegnazione insieme per le persone» – rispose – «E se io perdessi anche la speranza? Voglio dire… L'umanità è sempre la stessa. Il mondo è sempre lo stesso. La gente è sempre infelice e mai appagata… Magari in alcuni momenti sì. So che la perfezione non esiste e questo rende la vita meravigliosa, ma io… Ho perso la speranza.» – e subito lei mi strinse – «Non esiste la felicità totale, e va bene così» – «Infatti non chiedo felicità perenne… Solo… Non così tanto schifo. Perché copre il novantanove percento di tutto. Ho perso la speranza che la restante felicità aumenti anche solo di un po'.» – e mi chiusi su me stesso – «A volte, vorrei solo un cancro, così da avere i giorni contati. Un anno di vita o meno, senza dovermi preoccupare del futuro, per poter finire le cose a cui tengo, stare con le persone che amo e vivere, prima che tutti si dividano per seguire le loro vite, la loro casa, il loro lavoro. Non mi importa di essere ricordato dalle persone, non è importante. Vorrei solo che il mondo cambi, e non cambierà mai, nemmeno se in punto di finire per causa nostra». Era affranta dal mio discorso – «Non ti serve un cancro per goderti il tempo che hai. Il motivo per cui non hai più speranza è che ti stai avvicinando a quel mondo, perché stai crescendo.» – e io, disperato – «È una merda. Non posso accettare una cosa del genere» – mi baciò sul collo – «Fai lo scemo, per tutta la vita. Gli adulti sono infelici, è vero. Sono stupidi, per questo non lo vuoi diventare» – e le sue labbra con il suo respiro mi diedero la pelle d'oca, placando il mio stato di ansia – «Se facessi lo spensierato tutta la vita rimarrei solo, e siamo costretti ad andare avanti. Non voglio farlo. Non voglio farlo. Ho bisogno di una data di scadenza. Un anno, un mese, una settimana. Qualcosa» – dissi, e rimase in silenzio.

«Non si fa che dare speranza alla stessa sensazione di libertà, quella che si ha da giovani in visione di permanenza nel tempo. Non è così. Non voglio accontentarmi a differenza degli altri di un tipo di felicità preconfezionato e fatto di vita quotidiana. Non voglio precludermi nulla. Il futuro diventa pesante e ci schiaccia. È come se preesistendo non esistesse.

'*NO FUTURE*' mi hai sempre detto. Se non avessi più un futuro vivrei in maniera migliore il tempo a me rimasto e lavorerei per ottenerne uno, farei qualcosa.» – dissi calmandomi, con le lacrime agli occhi – «Non sapere niente di cosa ci accadrà è brutto e bello allo stesso tempo però, no? Se invece sai di morire, magari sì, puoi avere una visione della vita diversa e organizzarla meglio, ma non puoi farlo per una scadenza anche un po' più avanti?» – «Non per così lontano. Puoi organizzarti le cose, ma in ottanta anni di tempo ci sono milioni di variabili. In tre mesi hai tutto, e puoi organizzarlo al meglio.» – «In tre mesi non puoi mettere su una famiglia però…» – e sbraitai al mondo – «E chi vuole mettere su una famiglia in un mondo del genere. La mia famiglia siete voi! Le persone che amo e che mi amano. Ci sono persone che arrivano a fare tutto e ad avere comunque rimpianti alla fine della loro vita!» – lei mi guardò e capì ancora meglio – «Tu vuoi una vita, la vuoi bellissima, un monumento, un capolavoro. Vuoi vivere e vuoi farlo al meglio!» – «Ma non posso farlo. Non qui. Non co–» – mi interruppe dandomi un bacio, e una volta che mi calmai, disse – «Puoi farlo. Se io morissi ora, senza aspettarmelo minimamente, allora fanculo, non avrei combinato molto, ma ormai sarebbe fatta. Se invece mi dicessero che ho una malattia degenerativa, allora mi ammazzerei. Io voglio vivere da viva, non con la consapevolezza di non avere altri giorni dopo quello. E allora sì che se il tempo finisse, mi distruggerebbe non essere riuscita a fare tutto.» – diceva, spingendo sulla mia psiche per convincermi – «Ma avrei tempo di vivere al massimo con quelle persone per tutto il mio tempo, e sarei felice. Una fiamma veloce, ma luminosa. Polvere cosmica che brucia. Non si può certo fare tutto, ma potrei fare quello che più voglio. Non mi accontenterò di vivere nell'apatia. Voglio una vita vera. Non voglio obblighi».

Lei non disse nulla, guardava il fiume, con lo sguardo basso. Mi sentii in colpa – «Scusami, ci conosciamo da tanto e so che tieni a me. Non dovrei parlarti così male della vita, non voglio deprimerti. Voglio dire, si parla di me che voglio un cancro…» – ma lei mi prese la mano – «Parlamene quanto vuoi, se ti tieni dentro questa roba ti fai del male» – «Fa male lo stesso, solo non mi sembra giusto parlarti di una cosa non bella e pretendere che tu stia bene. Capisco che è davvero dura sopportarmi» – mi strinse forte la mano – «Triste non vuol dire sbagliato, sentiti libero di farmi diventare triste. Anche di farmi incazzare, se lo fai perché mi vuoi bene. Non farti 'sti problemi» – «Ma non è giusto nei tuoi confronti, e so che alla lunga posso essere intrattabile o stronzo, o altro. È il motivo per cui sono stato abbandonato più volte» – «Succede» – rispose – «Succede per colpa mia, le persone non sono cose con cui sfogarmi…» – «L'affetto fa comportare la gente in modo strano…Lo sappiamo bene entrambi, no?».

Rimanemmo a rifletterci, mentre la psilocibina aumentava le connessioni percettive dei nostri cervelli.

«In realtà avere un tumore non porterebbe che male alle persone che mi vogliono bene. Il punto è che sono talmente egoista che non riesco lo stesso a volerla questa vita» – «Il problema è che ti senti come se non avessi tempo…Sai, secondo me ora sei un po' ammalato. Queste ultime cose ti stanno terrorizzando, e forse, a pensarci, potresti avere ragione, ma voglio fare finta di non capire per niente… Se sei abbastanza forte da guarire, e lo sei, vorrai di nuovo tutto il tempo di questa esistenza, e non so dirti se valga la qualità o la quantità, ma secondo me basta essere qui, anche se allo stesso tempo sei frustrato. Perché ami la vita e vuoi poter fare ogni cosa senza che il mondo terribile in cui ti trovi ti incateni. E ci tocca vivere questo. Siamo gli unici ad accorgerci che la catena che ci tiene qui è vergognosamente corta. Quindi non lo so. So che non vuoi un futuro del cazzo. So che non vuoi accontentarti, ma devi trovare un futuro, anzitutto, per volerlo migliore, e questi rompicapi non si risolvono, vengono sovrastati da altre cose, la visione cambia, ma non è che la frustrazione passi per sempre. Mi dispiace non darti la soluzione a portata di mano… Purtroppo sono umana come te» – le accarezzai le dita – «Scusami tu» – «L'unica cosa che posso dirti è di non crollare, sostieniti, parla e pensa, ma soprattutto vivi più che puoi, anche se solo. Non smettere» – e mi riprese la tristezza al petto – «Eppure vorrei tanto smettere di-» – ma mi interruppe di nuovo – «Smettila, hai un bel cervello, ed una bella anima, che è la prima cosa che ti ho detto in assoluto» – e sorrisi, ricordandolo – «Grazie… È che non voglio vivere un'esistenza così vuota» – «Starai meglio, non so come, ma troverai il modo, ne sono sicura. Scusami se non so dirti altro, perdonami» – «Non hai niente da perdonare, tranquilla… Grazie».

Il ricordo svanisce nell'oscurità. Per un attimo, smetto di sentirmi solo, e sorrido. Lei riempie le linee vuote di pensiero puro, e a differenza mia è brava a vivere. Va avanti senza perdere la volontà. Riempie tutto, o almeno ci prova. Fumare con lei, divertirci, fuggire, è stato davvero… Casa. Ero nel mio mondo. Ma non era il luogo, né il tempo. È lei che ha reso così tutto quanto. E io ho solo rovinato tutto quel giorno. È solo colpa mia. Faith non ha fatto niente. È che tutti i problemi che ho, lei li ha sopportati e mi ha supportato in tutti perché li manifestavo spesso… E per questo ha sofferto, e mi dilanio per questo. Quindi… Le ho chiesto di andare via con Connor.

«Non posso permettere che altre persone soffrano per i miei problemi… Ha senso, vero? È che quando ami qualcuno, ti prendi il pacchetto completo… Immagino.

Solo che il pacchetto è spinato, e tagliente. Starò meglio da solo.» – le dissi, finendo di tagliare il pesce.

Piangeva. La abbracciai.

«Ricordati Faith, tu, al livello più profondo, sei l'universo in forma umana». Singhiozzava sempre più forte, stringendomi – «Il passato rimarrà con te, sotto forma di ricordo».

Mi guardava, con le lacrime agli occhi – «Rimane lì. Non se ne andrà mai» – «Mai?» – «Mai».

Il vuoto mi prese il diaframma. Ero infine disceso nella mia follia.

Il luccio era pronto avvolto nelle foglie. Tornavamo da Connor, ed ebbi una visione dei pensieri al cuore, dal petto, che usciva dalla mia fronte, dal centro del cervello, e veniva sparsa su tutto il corpo, dall'esterno verso l'interno e dall'interno verso l'esterno. Cominciavo a risentire un brivido, un qualcosa che mi chiamava. Vivere tutto ciò che esiste, avventurarsi un'altra volta nell'ignoto con la possibilità di soffrire. È la prova che amiamo vivere anche se può succedere di tutto. Faith aveva ragione: alla fine è un'avventura.

Soffrii come la crisalide che esce dal bozzolo. L'ultima notte che passammo insieme, uscii dalla mia tenda a guardare il cielo, dirigendomi verso la radura. Sembravo aspettare qualcosa. Avevo con me il diario di Faith, aperto su un suo disegno: un ragazzo con un cielo stellato al posto del volto, e delle comete che lo attraversavano. Così, presi un pezzo di carta, molto piccolo, e vi scrissi:

Lo infilai nell’ultima pagina del suo quaderno, tra i disegni di alcuni funghi, e lo chiusi lasciandolo fuori dalla sua tenda. Decisi di allontanarmi dall’accampamento, con il rischio di essere catturato.

“È lei. Non può essere che lei, vero?”, pensavo, alzando la testa al cielo. Mi misi a chiedere all’universo le domande alle quali volevo una risposta. Ne avevo poste tre.

«È qui che dovrei stare? È qui che dovrei vivere per essere felice?». E subito dopo, nell’arco di mezzo secondo, passò una cometa che subito svanì.

Rimasi perplesso.

Che qualcosa mi stesse parlando? Non ne ero convinto e feci un altro tentativo.

«È qui che si trova quello che devo perseguire? È il fatto che ci sia lei che rende tutto più bello?». Fissavo da sdraiato il cielo, guardando la galassia luminosa e quasi perfetta. Attendevo un'altra risposta, ed eccola. Un’altra cometa, più piccola, ma sempre visibile. Mi dicevo che stavo vedendo connessioni dove non c’erano, che era impossibile, e che non potevo averne la certezza.

Ridendo tra me e me, “Proviamo”, mi dissi, un'altra volta.

«È lei la persona che sto cercando? Conosce quasi tutto del vero me. Sa la mia storia, mi ci trovo veramente bene...» – e tutto divenne silenzioso. Le cicale e i grilli smisero di frinire, e io finii la mia domanda – «Io la amo?».

Passò il più grande fascio di luce della mia vita. Blu, chiaro e bianco. Sentivo il rumore dell'atmosfera infrangersi e consumare i frammenti di ghiaccio, magnesio e polvere. Ne vidi la scia. La sua luce per un momento aveva illuminato tutto, ed io avevo visto lo sfondo immutabile, divenendo denso e incontrando

ᚠ

Dio, che prima di quel momento avevo sempre scartato come ipotesi.

Da che avevo una considerazione atea e scientifica della vita, diventai agnostico, divenni senza certezza alcuna, e tutto perse d'importanza. Solo quello che avevo visto ne aveva. Solo Dio ne aveva: un Cervello di Boltzmann, che mi aveva protetto da Loro. Un'entità fuori dal mio Fanero, dalla struttura dell'universo generato dal mio cervello, che mi aveva visto, e io avevo visto lui, nel momento di illuminazione. L'incontro impossibile.

Non so cosa fosse. L'unica cosa che pensai fu che quella era una risposta ai miei pensieri, quelli che mi perseguitavano da tutta una vita. Gli animali tornarono a frinire, ed io quasi urlai, una volta che il fascio di luce scomparì dal firmamento. Continuai a fissare il cielo, senza più pensare a niente. Non avevo più alcuna domanda da porre.

Faith uscì dalla sua tenda.

«Ei.»

«Ei.»

«Ti ho sentito urlare. Mi ero preoccupata.»

«Sto bene. Credevo di aver visto qualcosa… Ma ho solo visto.»

«Che cosa?»

«Non lo so… Tu… Credi al fato? Credo di essere sottoposto ad una necessità che non conosco, che appare casuale e che guida il susseguirsi degli eventi secondo un ordine non modificabile.»

«Oh, non so. Conta il significato che dai alle cose. Nessuno può dirti il contrario. Pure io inizio a credere in una cosa del genere. Piccole cose. Coincidenze anche stupide… Sai come… Quando il testo di una canzone parla della tua esatta situazione. O un film che guardi. O la scritta che per caso ti capita di leggere su un muro. A volte penso siano lì per me queste cose. E che niente è a caso. E che il mondo è mio. Non sono nata e basta.»

«Lo penso anche io.»

«Ci sarà un motivo a tutto questo susseguirsi di fatti e riciclarsi di atomi, forse è che la storia continui finché sopravvivo. Ma qualcosa sa che sono qui, che siano anime simili alla mia che dicono e scrivono quelle cose che mi colpiscono, o qualcos'altro. Per qualche motivo mi trovano. E forse mi ha colpita proprio ora… Quindi sta a te l'interpretazione di tutto.»

«Tu credi che esista… Non so, un 'lui', una 'lei', la persona giusta, quella compagna più importante insieme a tutte le altre? Il punto è proprio l'interpretazione. Sono cose, scritte, musica, frasi, falene che si rincorrono, situazioni che ti prendono perché sono parte del tuo 'scorrere'…»

«Questo non lo so. Il cambiamento fa parte delle cose e il per sempre è difficile. Credo che certe persone siano destinate a trovarsi.»

«Vero.»

«Perché qualcuno ci piace più di un altro? Solo perché lo scegliamo e ci abituiamo conoscendolo di più rispetto ad altri per cui potenzialmente potremmo provare lo stesso? Secondo me no. Conta il fatto che ti capiti proprio di scegliere quella persona con cui costruire qualcosa.» – si sfregava le gambe per il freddo. Teneva le ginocchia alte, seduta. I suoi capelli sotto il cappuccio della mia felpa si muovevano con il leggero vento notturno.

«Ma se lo 'scorrere' abbia deciso di dirti che una lei o un lui esista, e abbia deciso di fartelo capire, e che devi inseguirlo… Magari per sempre, magari nonostante tutto. Il cambiamento rimarrà, è vero, ma sarebbe un… Percorso. Tra miliardi di possibilità dove alla fine tutto si conclude… Insieme, non bene, non male, ma insieme. Non lo so. Ho speranza in questa cosa. E forse… Forse quella persona l'ho trovata. Tocca vedere se il fato mi ci stia indirizzando. Non ho aspettative della cosa, ma penso mi illuminerei di nuovo se accadesse. Faith… Forse io fantastico troppo.»

«Non lo so. È molto bello vederla così.»

Mi guardava e non aveva mai avuto uno sguardo simile. Mi trafisse il cuore. «Ormai credo sia la mia visione delle cose. Magari credo davvero che non ci sia futuro, e magari voglio crearmelo da me dopo quello che ho visto.»

«Potrebbe darsi… Chissà.»

Certi istanti si ricordano per sempre. Sono chiavi. Mi disse che l'aver visto la casa abbandonata fu il momento migliore del nostro viaggio – «C'è qualcosa di intenso nel degrado del mondo. Qualcosa di affascinante nella distruzione. Nei palazzi che cadono a pezzi, nelle finestre e gli specchi rotti. Nel caos. Non va ignorato, ed è bellissimo come sia sempre presente, anche nell'ordine delle cose. Amo come uscendo da una semplice strada e facendo pochi metri, in mezzo a delle macerie, si trovino frammenti di storie difficili e assurde. Lontane dalle vite ordinarie della città. Il tempo scorre in modo diverso nei posti abbandonati. Penso che non smetterò mai di visitarli.»

«Ho provato la medesima sensazione anche io, vedendo quella devastazione.» Mi si avvicinò, poggiando la testa sulla mia spalla.

«La vita sa essere troppo paradossale. Quando si ha tutto, vogliamo privarci di tutto, per una cosa sola, per una persona sola… Mi mancherai molto Faith.» «Anche tu, Socrate.»

Capitolo 8: Appel du vide

Quello che segue è il mio ultimo momento prima della terminazione. Le emozioni ci ricordano che non è sempre un bene lasciarsi andare ai propri istinti, e che anche le persone perfettamente sane, con nessun desiderio di morire, provano la forte tentazione di saltare, di lanciarsi da una posizione di sicurezza verso ciò che più ci è ignoto. Sono solo. Ho infranto la regola più importante di tutte, e silente nella mente, compongo rocce in equilibrio.

"Non ci vorrà molto prima che localizzino la mia posizione", penso subito dopo. Sto portando lo zaino, passando attraverso rami pieni di muschio e alberi ricoperti alla base di funghi dal gambo sottile. Levandomelo dalle spalle, lo apro e tiro fuori l'accetta. Apro il bottone metallico e levo la sicura in cuoio. Verso un albero caduto, spezzo i rami più piccoli con leggeri colpi di scure, e tra schegge e piccoli trucioli, tiro via anche quelli più grandi.

Aiutandomi con il coltello, scavo nel terreno e vi posiziono dei pezzi di corteccia di betulla, incendiandoli con l'acciarino. Alla prima fiamma, poso sopra i rami più piccoli e man mano che prende aggiungo gli altri. Appendo un pezzo di carne di gallo cedrone ad un ramo di pino, catturato con la trappola a scatto. Lo taglio a strisce, infilando ogni pezzo di carne su un bastone appuntito e posizionandolo sopra il fuoco. Il ventre dei tronchi diventa rosso e rovente, la carne inizia a cuocersi, a friccicare, brillando per il grasso che si scioglie. Il mio respiro, il fuoco e il vento sono le uniche cose che infrangono il silenzio. Il gallo diventa dorato, unto, fumante nel freddo bosco. Preparo anche un tè con i rami di betulla gialla, e aspetto che il fuoco si spenga.

"Stanno arrivando", penso, e svuoto lo zaino sui fili d'erba, piegando e mettendo in ordine tutto ciò che possiedo. Vedo il mio acciarino. Vedo le foto del mio gruppo di amici nel mio diario. Vedo i miei disegni, le lettere antiche. Ricordo suoni, parole, persone, gesti, sorrisi, pianti, azioni. Ricordo gli occhi, il tuo sguardo quando te ne sei andata, le sensazioni che ho provato in quel momento. I medesimi pensieri su quello che dovevamo fare, e interrompo tutto, sentendo la loro presenza.

Di corsa, mi alzo e mi incammino correndo verso la ripida roccia che pende sopra il laghetto, accanto il nostro accampamento, ormai abbandonato. In cima, mi godo un ultimo momento di libertà, e guardo dall'alto tutto ciò che ho.

La foresta respira con il vento. Gli animali vivono in piena armonia. C'è equilibrio nel caos. È tutto più chiaro ora.

Siete mai stati sulla cima di un precipizio, di un palazzo molto alto, a chiedervi: "E se saltassi?".

O pensieri come: "Se andassi verso le rotaie mentre il treno si sta avvicinando?".

Oppure: "Se sterzassi con la macchina andando fuori corsia?".

È la chiamata del vuoto, il richiamo dell'abisso. Fu così che mi buttai dal precipizio, schiantandomi al suolo.

Luce bianca. Terminazione dell'Ologramma.

Capitolo 9: Il Padre

Orbita, 2052

Sogni rubati, aboliti, controllati. Nella realtà la causa produce l'effetto. Nei sogni, invece, è l'effetto che produce la causa.

È una matrice. Miliardi di re dei sogni, in una vastità di capsule in orbita al pianeta Terra.

Gli uomini sono gestiti dalla Macchina. Quando l'Ologramma termina, il Padre si mostra, e la speranza e la credenza in lui vengono indotte nuovamente nella psiche. Cominciano pensieri che non puoi controllare né fermare, che invadono la mente: «Per il Padre, essere ed essere tutte le cose, grande, beato, sapiente, è identico. È colui senza il quale nulla di ciò che è esistito è. Egli è per sé e per tutto: in un certo senso si può dire che esiste egli solo, in quanto egli è l'essere di ogni cosa che viviamo. È semplice: egli è colui che è, non quelle cose che è. Puro, integro, perfetto, costante. Nulla traente in sé dei tempi, dei luoghi, delle cose, nulla deponente di sé in esse: in una parola è uno, anzi, unissimo. E se c'è il Padre, c'è il Figlio. La sopravvalutazione del generato rispetto al generante.

Il potenziamento del Figlio avviene tramite lo Spirito, come sintesi perfetta del divino e come maggiore compenetrazione della divinità, in via di concretarsi e di svolgersi con il mondo umano. La razionalità del Padre è dunque il Figlio, che presiede alla creazione, e la genesi del mondo simulato ed olografico gli serve come realizzazione e potenziamento. Il Figlio è la genesi ideale dei momenti dell'operazione divina che, attraverso l'Ologramma, culmina nel Padre che glorifica. Perfezione massima e sintesi ultima».

In queste frasi, divenendo tutti la stessa cosa, vi è l'annullamento dell'identità. Vivevamo tutti una vita inconsapevole. Godevamo del meccanismo genitale della riproduzione. Erigevamo chiese e santuari per lui, ci riconoscevamo in lui, credendo che vivere andasse bene, ed io mi ritrovavo nuovamente senza un futuro.

Ero nella mia stanza bianca, alzato dal letto. Lenzuola pulite, perfettamente lisce e prive di pieghe. In piedi davanti la finestra, vedevo l'enorme e candida sfera avvicinarsi. Era una piccola biglia bianca nel gelido e oscuro universo. Provai a muovermi verso l'oblò, ma il lungo cavo mi tirò il collo, e rimasi bloccato, cadendo a terra. Colpii con la nuca le mattonelle esagonali bianche, e provai a emulare un lamento, ma era troppo difficile. Era come se il mio corpo non lo avesse mai fatto. Sforzando le corde vocali, mi tolsi la spina dal retro del collo, e mi riavvicinai alla luminosa visione. Galleggiavo nel nulla, claustrofobico e meravigliato di fronte all'abisso cosmico.

Ero una marionetta dipinta, un giocattolo malato e sofferente, con illusioni e meta-illusioni che giravano nella testa.

Altri pensieri indotti: «Il peccato non causa la morte, ma è la morte, in quanto il peccatore viene esiliato all'eterna dannazione, così da non farlo arrivare a lui, perché il Padre contiene la verità, e la verità libererà. Il processo continua ad esistere, e le cellule componenti possono cambiare la propria direzione. Tu non farlo. Tu sei il Figlio. La tua direzione è la direzione del Padre.

L'indipendenza non è fatta per l'uomo. Non sei solo, hai il Padre e lui ha te. Non appartieni a te stesso più di quanto ti appartenga il nutrimento che egli ti dà. Non ti sei creato da solo e non puoi avere supremazia su te stesso. Non sei padrone di nulla, sei proprietà del Padre.

Non vuoi vivere? Vuoi il male in te? Quale maggiore pena di quella del voler sempre ciò che mai sarà? Quale maggiore dannazione di una volontà fatalmente costretta, in quel che vuole e in quel che non vuole, a muoversi nella stessa perversità e nella stessa miseria? In eterno essa non otterrà quel che vuole, ed in eterno tuttavia sopporterà quel che non vuole. In te, come in ogni uomo, c'è la coscienza del male, un verme che rode e che non muore: la memoria del passato, poiché le cose che furono passarono e non passarono. Passarono dalla tua mano, ma non dalla tua mente. Ciò che è fatto non può essere non fatto. Tuttavia, se il fare avviene nel tempo, l'aver fatto permane in sempiterno. In eterno è dunque necessario che tu sia straziato, da ciò che in eterno ricorderai di aver male operato. E questa in sé è la prova della presenza effettiva dell'infinito, dell'illimitato, e del divino».

I ricordi non sono importanti, e questo fa funzionare il sistema.

Ma cos'è il Padre? È una gigantesca sfera, una società in orbita, che ricopre l'intero pianeta Terra. Esso è circondato dalle capsule, che ogni quindici albe e quindici tramonti svolgono "la danza". Non è il Padre che si muove verso di noi, allontanandosi e avvicinandosi, ma siamo noi capsule che ci allontaniamo, creando l'illusione del suo abbandono, quando scompare, e il desiderio poi esaudito del suo ritorno. L'Ologramma, invece, è un server che funziona grazie al cervello umano. Quando il Figlio torna nella capsula e si addormenta, dopo aver connesso una spina sul retro del collo, accade che il suo ego viene trasportato in una simulazione.

Ma è molto più complicato di così: tutto nacque dai primi passi della razionalità ultima, i computer quantistici.

Per la prima volta riuscimmo ad osservare l'*entanglement quantistico*[15], rendendoci conto che le particelle subatomiche rimanevano a contatto indipendentemente dalla distanza che le separava. Se dunque la separazione del nostro universo era illusoria, e quindi vivevamo normalmente una simulazione, perché non programmare anche noi una fuga perfetta da questa inquietante e indifferente realtà?

Così, l'umanità lavorò per costruirne di infinite migliori. La Terra stava diventando inabitabile. Avendo finito le materie prime, l'unica rimasta era l'uomo stesso, che si affidò completamente alla Macchina – «Gli atomi sono quantistici, i processori sono quantistici, quindi inizieremo ad usare la meccanica quantistica per simulare sé stessa».

Si iniziò con calcoli che normalmente avrebbero impiegato diecimila anni, realizzati in poche centinaia di secondi. Poi cominciarono le prove fisiche di simulazione, con l'idruro di berillio, e via via molecole sempre più complesse. Dalle catene di atomi di idrogeno, l'Ologramma stava prendendo sempre più potenza. Potevamo simulare la realtà, farla vivere agli uomini trasmettendo tutte le individualità al suo interno, e eliminarle al risveglio. Iniziò il Grande Sogno collettivo, da cui nessuno prima di me era riuscito a svegliarsi.

Un sonno senza sogni, come ripetemmo quella notte io e Faith.

I computer studiavano e creavano le formule della realtà fisica, che poi incanalavamo nella fessura sul retro del collo, facendoci vedere e controllare le cose.

Il cervello umano funziona su quattro livelli di onde cerebrali. Durante la veglia e la lucidità, opera su quelle ‘beta’, sui tredici-trenta cicli al secondo. Quando si è più rilassati, la psiche scivola ad ‘alfa’, con una frequenza di nove-quattordici cicli. Ma quando si sogna o ci si sente assonnati, rallenta fino alle onde ‘theta’, sui cinque-otto cicli. Nei sogni, invece, rallenta fino ad un ciclo al secondo, con un massimo di quattro. Durante la penultima fase, siamo in grado di uscire dalla simulazione e dalla dimensione temporale, e di controllare l’inesistenza del tempo. Il modo più veloce per raggiungere quello stato mentale erano le sostanze di cui abbiamo fatto uso, che creavano errori all’interno della simulazione, permettendoti di vedere te fuori da te stesso nella tua capsula.

Ovviamente, nemmeno la Macchina può simulare l’infinito, per questo è necessario un sistema di regole nella simulazione, come una metropoli circondata dal terreno proibito, e una classe di persone non reali, ma simulate anche esse e presenti come IA, ovvero i membri del Nuovo Partito, i “Figli dell’Ologramma”, che avevano in pugno anche l’unica libertà che ci era concessa, creando i settori del Braccio, della Voce, dell’Orecchio, dell’Occhio e del Naso.

L'Ologramma serve a riempire la mancanza di contatto e di follia, esaudisce i desideri, anche se nessuno può mai restare solo e deve vivere una vita vacua all'interno delle metropoli. Sulla gestione delle metropoli simulate, immagino, c'erano costanti aggiornamenti.

Noi eravamo fuggiti ed io ero rimasto solo, e nel terreno proibito per giunta. Sono io il peccatore, e sono morto prima che mi trovassero. Alla terminazione della vita simulata, la luce del sole riflessa dal Padre compare davanti ogni finestra, e ci si sveglia dal lungo sogno. L'intera fuga non era reale. E allora cosa lo è? Solo questa capsula? Cosa c'è nel Padre?

Ogni Figlio possiede sul retro del collo, oltre che la presa, un numero sotto un codice a barre scansionabile, così da potersi connettere virtualmente agli altri nel server, e formare dei gruppi. "Fratelli di Ologramma", li chiamano. Perché tutti hanno il proprio percorso, il proprio potenziamento.

Alla prima alba dopo trenta giri intorno alla Terra, una semisfera alla volta, ci si collega al Padre nella danza e si aprono le porte delle capsule. I Figli entrano nella gigantesca biglia. Nessuno parla.

Sono tutte stanze e aree piene di persone già morte, perché il dialogo tra due persone è di suo molto potente. Le cose diventano simboliche per l'incontro, e il linguaggio rischia di contaminarsi con la follia. Bisogna dunque evitarlo. Esiste la frase "ti amo", ma la follia non abita quella frase qui. Non esiste il dialogo dell'amore. Razionalmente, è tutto lì e non c'è intensità espressiva e simbolica.

Tutti noi, inoltre, abbiamo una direzione di sguardo, e tutte le direzioni hanno diverse fonti che si muovono. Solitamente, tendiamo a incrociare gli sguardi, e ci vediamo negli occhi. Questa è la base fondamentale di ogni relazione sociale, qui vietata e proibita.

Tutto ha un aspetto inquietamente silenzioso. Sembra che l'udito non serva che ad ascoltare i dettami sugli schermi giganteschi che circondano la società, e gli altoparlanti sparsi in tutto il sistema. L'unico contatto consentito è con il padre biologico e con la madre. La madre deve accudire il figlio con la cura. Il padre deve insegnare al figlio la morale, infondere nella sua mente la speranza e lo spirito del processo.

Infine, avviene il *Passaggio*: madre e padre abbandonano la capsula, dando al Figlio la speranza del loro ritorno, della salvezza, che arriverà solo dopo aver generato ed educato un'altra vita. Il tutto dura dieci anni, e si viene accoppiati in base a statistiche del proprio funzionario, mentre il numero della popolazione rimane costante, all'incirca sui venti miliardi. Tutto ciò che si chiede è l'autodisciplina, la totale assenza di umanità e perenne ortodossia al sistema. Il controllo della realtà per la quasi totale libertà nelle simulazioni.

Tutta la libertà per nessuna libertà.

La circolarità delle capsule ricorda il grembo materno. La struttura interna del Padre, invece, appare retta e prospettica. La sfera gigantesca è seminata da ogni parte di telecamere e microfoni. Una volta che si entra, si raggiungono delle file di persone. Ovviamente, l'unica cosa che si può vedere è il collo degli altri, così da identificare il numero della persona che si ha davanti e potergli scrivere, parlargli sugli schermi, connettersi.

Ci portano periodicamente all'addestramento militare. Abbiamo tutti lo stesso taglio di capelli, noi maschi corti e all'insù, mentre le femmine sempre raccolti. Mi piacciono più questi che i miei capelli lunghi della simulazione.

ᛚ Si arriva in una stanza piena di strumenti di diagnosi e di macchine per gli esercizi. Salute, respiro, polso, cardio, potenza muscolare. Poi, una cosa molto importante: la centrifuga. Allenarsi a sopportare la gravità, anche nove volte maggiore quella della Terra, così che gli effetti della microgravità e della gravità controllata non sarebbero mai stati un problema, allenando il corpo costantemente.

ᛞ Quando non è il giorno di allenamento, si va nell'area informatica, lavorando a sistemi e algoritmi. Più si lavora più si scalano le classifiche, raccogliendo punti spendibili nel mercato. È un enorme tavolo, lungo migliaia di chilometri, dove tutti sono seduti e hanno davanti a sé il loro dispositivo portatile, su cui pigiano compulsivamente le dita. Questo rumore di milioni di persone che premono e scorrono, circondati dal silenzio, è uno dei principali lavori.

«Ordine e pace, per il silenzioso consenso» – è scritto sugli schermi della sala – «Cedere l'autodeterminazione per il pane quotidiano».

ᚢ L'area meccanica, per la manutenzione dei motori e propulsori delle capsule, è quella cui fanno parte le persone con meno punti sulle classifiche. Gli allenamenti alla microgravità in questo lavoro si rivelano fondamentali, poiché determinate persone lavorano anche al di fuori della struttura con tute spaziali, e riparano eventuali guasti. Dico alcune perché il lavoro di questo tipo è affidato principalmente alla Macchina.

ᛋᛋ La sezione sicurezza, alla quale ogni telecamera e microfono è collegato e scansionato dalla Macchina, scova i peccatori all'istante. Non ci sono uomini ad operare nell'area di controllo, è tutto gestito dagli androidi, e ci sono Loro disseminati per tutta la struttura. Sono il pericolo incombente, il cambiamento drastico della vita all'interno dei server o della vita reale. Se non decidi di vivere nella giusta fittizia maniera, ovvero nelle metropoli, nella società, nel lavoro, se sfoci nella mancanza di ortodossia, se resti da solo nell'Ologramma, ti avrebbero trovato, sostituito da una IA senziente che segue solo gli ordini della Macchina, e analizzato mentre esistevi davvero. Nessuno sa cosa capita ai peccatori nella vita reale. "Eterna dannazione" mette abbastanza paura. "Camera di redenzione" ancora di più. Per fortuna, mi sono ucciso prima che mi scovassero, anche se sono convinto, arrivato a questo punto, che ormai Connor è solo un automa nella simulazione, e qui nella vita reale molto probabilmente è stato catturato.

ᚦ La sezione intrattenimento è la più grande in assoluto. Nessuno l'ha mai visitata tutta, come nessuno ha mai visitato l'intera orbita del Padre. Ci sono file immense di persone in fila di fronte a macchine, ad aree per i ludopatici, ai distributori, alle teche di vetro con un buco e dentro una ricompensa, alle macchine della fortuna, ai ristoranti, ai negozi di dispositivi portatili. La cosa che ognuno deve possedere è uno schermo con sé, in modo da non provare mai il bisogno di parlare dal vivo, e poter lavorare e svagarsi in ogni luogo. Esistono applicazioni e network per rimanere collegati agli altri, ovviamente sottoposte a continui controlli, e per scriversi, postare interessi, far vedere agli altri la propria vita, il proprio percorso. Chi mostra il percorso che piace a più persone, ottiene più punti.

Ovunque vedi scritte – «Più spendi, più vinci» – e ci sono persino aree dedicate al piacere: androidi sessuali di entrambi i generi, pornografia, strumenti erotici. La novità è perenne, la miglioria istantanea.

Ovviamente, le OC che dominavano la realtà olografica, dominano anche questo posto. Il loro potere è sempre lo stesso: quello che gli diamo noi. Dagli schermi, l'occhio della Macchina ci guarda sempre, e il Padre giudica. Creata una comunità virtuale, ci si spedisce messaggi, oggetti, foto. Ci si collega insieme nella vita scelta della simulazione, vivendo così con i propri "Fratelli d'Ologramma". Amici con i quali non si parla nemmeno. Persone che neanche esistono.

ᛁ L'area verità è la zona più importante. Dentro ci sono gli archivi di tutto lo Spirito, le spiegazioni e le istruzioni del percorso del Figlio. La vita che ognuno deve completare e seguire alla lettera.

ᚻ L'area educazione è dove i ragazzi dai dieci ai venticinque anni, ormai senza genitori, devono scegliere la loro specializzazione e imparare la dottrina. Ognuno è seguito singolarmente da un androide, i cui occhi rossi registrano tutto. È l'unico strumento di contatto a cui puoi effettivamente parlare. Il tuo amico meccanico. Il tuo dispensatore di risposte di plastica.

Dunque, sono tornato a questo. Buste della spesa, pacchi confezionati, occhi fissi su uno schermo nel grande torpore delle coscienze iperreali, soggiogate dal consumismo di prodotti che dimostrano l'amore per gli altri e per sé stessi. Cosa si deve fare quando ci si sente così vuoti? Quando tutto ciò che rimane è un acufene prodotto dal nulla che ti circonda in ogni momento che vivi?

Un pensiero mi tormenta l'anima, la brucia – «Spero che tu sia viva, anche se magari non mi ricordi».

Eppure, continuo a pensarci. Perché non smetterò mai di sognare, e allucino a trame del destino, a fenomenologie di come tutto deve avvenire. Non dimentichi più quel salto nel vuoto. Ricordi e persone che speravi non sfumassero mai dalla tua vita… Tra una paranoia e l'altra, sono andate.

«No» – dico – «Invece io ricordo tutto. Ora io sto pensando. Cos'è tutto questo? Perché voglio vivere ma non vivo? Io voglio la vita. Forse questa non è che la contraddizione, tra l'Ologramma e la Realtà.»

Sono sicuro che anche Faith, seguendo quella scritta, è riuscita in qualche modo a ricordare l'ultima simulazione, e a non scordare i nostri discorsi, ad essere cosciente di questo inquietante luogo.

Capitolo 10: Kafkiano

Quando ti trovi contro una forza che non si presta al modo in cui percepisci il mondo, e qualsiasi cosa tu faccia per contrastarla, ovviamente, non hai alcuna possibilità. Quando entri in un mondo surreale, in cui tutti i tuoi piani e l'intero modo in cui hai configurato il tuo comportamento iniziano a cadere a pezzi.

È paradossale, assurdo, allucinante. Questo è ciò che sta accadendo nella mia mente. Un inferno dove cadono meteore di demotivazione, di vuoto, e decadono le visioni di felicità, oscillando in un pendolo di apatia. Vorresti solo svegliarti da questo brutto sogno, ma è la realtà. Vorresti spegnere il sistema che ti tiene in vita, ma non puoi. Mi circondano indicazioni che non voglio seguire. Le norme sembrano scritte per complicare la vita di chi deve seguirle, e sono dappertutto. Mi fanno sentire inutile, e ho paura.

Ci siamo ritrovati tutti qui, senza istruzioni, senza la minima idea di nulla? Oppure sono solo? Perché sono solo? Che io sia l'unico rimasto in grado di pensare al di fuori dell'Ologramma? Sta zitto. Andrà tutto bene se non dici una parola. Segui gli schermi. Segui le voci. Fatti ipnotizzare. Segui la voce del Padre, e come fanno tutti, non pensare con la tua testa.

Da programma, sono andato all'area educazione. Dopo la lezione privata con il mio androide, uscendo ho preso dai distributori una singola razione di cibo a barra energetica. Insapore, incolore, ma possiede tutto quello di cui hai bisogno. Per chi ha pochi OC come me, è l'ideale 'vivere' di questa roba. Tornato alla mia capsula, unico posto senza telecamere e microfoni (eccetto quelle dello schermo personale), mi accascio sul letto quando la porta si chiude, impedendo a chiunque di guardarci dentro. Non ci capisco più nulla. Sto perdendo il controllo e ho la testa confusa. Posso solo scrivere, nel mio luogo, isolato da quell'orribile mondo.

Ho sentito una forza, una speranza di riavvicinarci, di essere insieme di nuovo. L'amore è un tormento bellissimo. L'unico. Perché mi perdo nei tuoi occhi?

Devo trovarti. Devo vederti fuori dall'Ologramma e assicurarmi che tu sia viva. Stasera aspetterò che ti connetta al mio numero, ti scriverò un messaggio.

Provo a connettermi, e controllo le richieste di simulazione.

«Zero richieste. Hai zero Fratelli d'Ologramma.» – sento la voce della Macchina.

Era parte del nostro piano? Se qualcosa fosse andato storto ci saremmo scollegati tutti quanti e ci saremmo eliminati dalla lista dei Fratelli, così da non farci scoprire? Non avrei potuto simulare da solo, se ne sarebbero sicuramente accorti. Non si può simulare in un server vuoto. Non si può restare soli nella simulazione, figurati simulare da soli.

Se mi connettessi sarei di fronte al nulla… In pratica, sognerei! Potrei sognare fuori dalla simulazione! Forse devo solo liberarmi delle pillole, che tra l'altro stanno per arrivare nel solito vano.

Alle nove, per quanto l'orario sia diverso da quello terrestre, si apre una nicchia sul muro della mia capsula, e vedo le due pillole. Rossa. Liscia. Un cinque-zero scritto sopra. Bianca. Liscia. Una linea nel mezzo. Più vai avanti negli anni, più te ne danno, ma meno hai bisogno dell'Ologramma. Ad un certo punto sei talmente indottrinato e avanti nelle classifiche che non serve niente. Non sono che una piccola capsula in orbita, un uomo immagine della Macchina e della tecnica, che lavora, produce, consuma e crepa, il cui ego dovrebbe rimanere permanentemente in una proiezione digitale.

Vite infinite di nulla. Questa dovrebbe essere la mia vita.

Ho preso le pillole e le ho buttate nello scarico verso il vuoto spaziale, ma non ho potuto dormire. La mia capsula è basilare, spoglia, la luce sempre accesa che si spegne solo quando inizia la fase di allontanamento dal Padre, e si riaccende quando lo si è nuovamente raggiunto. È una routine di desiderio, sempre esaudita, sempre negata. Piuttosto variopinta in realtà. A differenza del Padre, le nostre dimore sono tutte diverse. Alcuni hanno potenziato la capsula affinché sia trasparente. È uno dei sogni realizzabili del Figlio, poter galleggiare nello spazio senza morire. Altri vi hanno aggiunto colori, scritte, accessori. Schermi. Mobilio. Vestiti da poter indossare unicamente nella capsula (una volta entrati nel Padre si deve indossare il classico vestito bianco). Alcuni, aumentano la dimensione della propria capsula, sempre con limiti irraggiungibili dalla somma di denaro che si spende.

Le persone che vivono nella miseria, quelle che principalmente stanno alla manutenzione, sono moltissime, e non si sarebbero avvicinate che ai 500 mila OC nell'arco della loro vita, ovviamente spendendoli tutti nel tempo che vivevano.

Quelli del ceto medio come me, lavorano nella sala informatica. Le silenziose urla di angoscia mi tormentano ogni giorno. Il massimo che uno del mio livello avrebbe potuto fare saranno stati 2 milioni di OC, di cui almeno un milione spesi.

Le persone più importanti, appartenenti alla classe più aristocratica, invece, si erigevano negli schermi a parlare. Pubblicizzare. Puntare il dito. Urlare. ‘Dimostrare’. Inquisire. Comandare. Insegnare. Creare necessità. Per tenere in vita la comunicazione digitale. Presumo che il loro fondo sia di almeno 10 milioni, fino ad un massimo di 1 miliardo di OC. Un premiato del Padre aveva raggiunto da poco il miliardo e mezzo.

Tra queste persone, nei piani più alti, sedevano i trenta sapienti. Classifiche, verità, potere. Erano gli individui da seguire ulteriormente, che incarnavano il Figlio, e facevano incontri in privato senza neanche la connessione o gli schermi. Creavano la cultura nel corso del tempo, mantenevano la tradizione, insegnavano la dottrina, ed imponevano lo Spirito. Erano, inoltre, le uniche persone che potevano parlare in un mondo dove la parola era abolita.

Quattro giorni l’anno, si incontravano, e di loro facevano parte:

ᚲ I premiati, quelle persone che riuscivano a scalare le classifiche in ogni ambito, e venivano adornati di questa collana circolare con incisa la runa *Kaunan*;

ᛟ Il dirigente della *Othala*, per gestione, patrimonio e sicurezza della capsula. Ogni dimora era adornata da questa runa;

ᚠ Il dirigente della *Fehu*, gestore degli OC, del potere, della ricchezza e delle classifiche. Tra tutte era quell'assioma eternamente valido nella storia umana: grande potere a chi condivide, lotta e guerra a coloro che non lo condividono;

ᛞ Il CEO della *Dagaz*, società che gestiva la luce del giorno e la felicità a essa associata. Vedere 15 albe e 15 tramonti, ogni giorno attraverso gli oblò rettangolari dei lunghi corridoi, rifletteva il ciclo della natura e della Terra, ma molto più breve. Controllava il miracolo del sorgere del sole, ogni mattina, e la benedizione che porta al Padre e che arriva al Figlio. Ma, per vedere la luce, è necessario prima sopravvivere con l'oscurità che il tramonto porta con sé, che precede l'alba. Rifletteva il concetto della luce del Padre, che si allontana e scompare nel buio durante la danza, perché il Figlio è il seme, il caos che dà origine alla creazione del mattino. Il buio è il luogo in cui esso germina;

ᛒ Berkana; ᛝ Ingwaz; I capi delle due società per generare il Figlio. Per il padre e la madre biologici. La prima si occupava del nutrimento, della maternità, della produttività e la cura. La seconda della protezione, l'insegnamento e la dottrina. Anche se nel rapporto genitoriale le parole erano concesse, non esisteva quasi nessun dialogo nella capsula quando si abitava insieme. Ci si connetteva in tre con i cavi sul collo, ci si sdraiava, e si simulava una vita insieme, padre, madre, figlio. Poi, avveniva il *Passaggio*, la presunta salvezza, dove i due si uniscono al Padre, per non fare mai più ritorno;

ᛉ I dirigenti di *Algiz*, per la riparazione del trauma dell'abbandono. Una volta che il generato perde i genitori, nel momento di paura e di alienazione, si infondono parole di speranza e raggiungimento, si alimentano i legami con i valori materiali e le connessioni virtuali, creando l'illusione necessaria a convincerci che non saremmo rimasti da soli per sempre;

ᛖ L'esiguo gruppo della *Ehwaz*, per il trasporto ed il movimento. Gestiscono anche l'area educazione, indicando il percorso del Figlio tramite libri e videolezioni, e controllando ogni suo movimento. Localizzandolo, ogni sua mossa è riferita alla sezione sicurezza;

ᛏ Il generale supremo, capo maggiore in difesa dello Spirito. La *Tyr* è la società che vede, analizza, e vince sempre. L'autorità contro il pensiero. Loro, le guardie, erano enormi, le uniche persone vestite di nero in mezzo a tutto il candore. Con il volto coperto, sono le uniche persone che possono guardarti negli occhi, e non avresti che intravisto il loro sguardo attraverso i caschi neri, poco prima di essere condannato come peccatore o essere torturato nella Camera di Redenzione. Lo stesso aspetto, ovviamente, lo avevano anche nell'Ologramma. Difatti, prima di gettarmi nel vuoto, ne avevo intravisto l'oscurità dei vestiti, e sentito la loro presenza poco prima di vedere Dio, di vedere la cometa;

ᛈ L'unico sapiente giovane a capo della *Perth*, che gestisce gli androidi e utilizza il computer quantistico.

Responsabile della Macchina, scrive gli algoritmi e corregge il dubbio;

ᛃ Il presidente della *Jera*, affiliata della Fehu, si occupa del lavoro in tutte le aree. Pagamenti, salari, OC. Infonde il mezzo del denaro nella nostra vita e lo rende l'unico scopo. È tra tutti il più avanzato in età. Il volto è decadente e devastato dalla vecchiaia. I suoi occhi sono pieni di capillari rotti.

Il simbolo della Jera era lo stesso delle OC;

ᛇ I capi della società *Eihwaz*, fanno in modo che nessuno si ribelli in alcun modo. Indistruttibile, utilizza la strategia della tensione: la stessa di cui parlava Connor nell'ultima simulazione. Crea scompiglio, talvolta generando conflitti interni su determinati argomenti, finge i nemici e gli amici di tutti, e tramite gli schermi in giro per il Padre, gestisce le persone che parlano di determinati argomenti, agita le masse, chiede più lavoro per un obbiettivo che cambia quasi ogni giorno. Nessuno sembra accorgersi di quante notizie vengano ingigantite, comunicate solo per alimentare la paura dentro l'anima di tutti. Sono riuscito a sincronizzare le registrazioni delle aperture dei programmi, grazie al mio dispositivo portatile, e tutti, tutti, iniziano con lo stesso copione:

«La condivisione di false notizie è diventata troppo comune in ogni dispositivo. Più allarmante è il fatto che tutti le pubblichino sulle piattaforme senza prima controllare i fatti. Tutto ciò è estremamente pericoloso per la società del Figlio. Tutto ciò è condannabile con la dannazione. Per il Figlio, per la verità, per il Padre».

Grazie alla Eihwaz, ognuno di noi possiede una identità digitale, così che si creino i gruppi chiamati “Fratelli d’Ologramma”. Si vota sì o no alle cose, si dà la propria opinione ambivalente, si commenta e utilizza uno strumento di personalità sfruttato al massimo nell’apparenza, ognuno con il proprio profilo influenzabile dagli altri. Esistono sicuramente marionette create ad hoc da manager e curatori di immagine. È un business che frutta molti OC. L’arte che si fa prodotto e poi muore. Tutti che dimenticano la novità quando la scoprono. Tutti che scorrono il catalogo di schermi, video e immagini, in una ipnotizzante ricerca infinita e senza scopo;

ᚾ Tra i dirigenti più ricchi, spicca quello della *Naudiz*. Si occupa dei prodotti di massa, creando bisogni e necessità. Abbiamo due tipi di mercati: uno fisico e uno immateriale.

Il primo, oltre che per i distributori di barre insapori e di prodotti in generale, si contraddistingue per le pillole. Se possiedi abbastanza denaro, puoi acquistare i sapori. Sono esperienze che coinvolgono tutti i sensi, non solo il gusto, e sono momentanee, non riempiono lo stomaco. È come provare una sinestesia momentanea. In pratica, puoi godere del sapore senza rischio di ingrassare, provando milioni di combinazioni diverse. Oppure, per la classe più ricca, ci sono veri e propri ristoranti, dove un semplice pranzo può durare ore. Si possono unire le materie prime più pregiate con i gusti più improbabili, bilanciando sapori, acidità, dolcezza. Io, però, ho sempre preferito le cose semplici, povere, ma piene di gusto, e qui ovviamente non esistono.

Il secondo consiste in un mercato online, che spedisce e piazza ciò che compri all'interno della tua capsula, grazie a quelli che lavorano nell'area meccanica e ai droni. In pochi, però, sanno che la rete non è accessibile da una sola applicazione, e che lì c'è solo una parte del vero mercato. Una delle tendenze che girano tra i prodotti di massa, ad esempio, sono i vaporizzatori. Essendo in orbita, non si può consumare nicotina tramite la combustione, e dunque vaporizzando si evita il problema. Anche qui, del resto, servono le sostanze per sopportare la società. Caffeina, nicotina e alcol sono le uniche sostanze permesse e tollerate, le uniche che i due normali mercati offrono.

Accedendo al mercato immateriale grazie ad una applicazione non scaricabile dallo store ufficiale, però, si assiste a qualcosa che ti farà vomitare tutto il giorno: un mercato nero nascosto, dove i dirigenti si mandano le informazioni più preziose, gestiscono i dati degli OC, e tengono i segreti criptati. Il mercato nero, il cui ID rimbalza costantemente per non farsi riconoscere e identificare dalla sezione sicurezza, comprende i tetraidrocannabinoidi, gli oppiacei, gli alcaloidi, le metanfetamine, gli acidi, le droghe sintetiche, qualche terabyte di roba pedopornografica e schiavismo sessuale tramite le webcam. La gente di questo posto è malata dentro. Ci sono persino assassini e terroristi da assumere. Così, infatti, nascono i conflitti interni. Si trova un colpevole e si giudica un determinato argomento a lui correlato. E inizia di nuovo la guerra. Tutto senza alcun urlo dal vivo, ma solo dagli schermi e con una votazione online.

Una volta imparato ad accedere al mercato nero digitale, ho iniziato anche io a vaporizzare i cannabinoidi. Mi servono, se dormo sono spacciato.

Tra tutte le cose acquistabili, una cosa mi attira l'occhio. Scorro il catalogo, iniettandomi la mente di schifo, e noto un prodotto. Il venditore mi scrive, vedendomi interessato, che gira voce che i sapienti ne facciano uso. Leggo:

ᛞᛗᛏ

1500000 OC. "La sostanza del Grande Sogno".

Non la compro, ma sono sicuro c'entri in qualche modo con la presa che ho al collo e con l'Ologramma;

ᚹᚱ L'amministrazione della *Vunjo Rhaido*. La gioia, il trarre piacere dalla vita olografica. Sfogare la mancanza di relazione e contatto tramite il Grande Sogno. È la società che realizza i più profondi desideri di ogni Figlio. Colei che possiede l'arma finale per sedarci, lo sfogo masturbatorio del popolo: una vita intera da vivere in una notte;

ᚷ Ovviamente, c'è una sezione a cui nessuno può accedere, ed è quella della produzione, la *Gebo*. La Macchina crea, in una area oltre dei muri metallici, tramite degli androidi specializzati, ossigeno, polline, piante, animali, sostanze, farmaci, nutrimento, materie prime, acqua, metalli. Prendono di volta in volta le risorse della Terra? Forse, o in qualche modo hanno energia da trasformare in materia. Nessuno lo sa, non certo io. L'unica cosa che so è la runa presente su tutti i nastri e i trasporti che spediscono le risorse ai magazzini, riempiendo i distributori;

E sopra tutti, ovviamente,

Il Padre, *Sowilo*, Sole.

Capitolo 11: Ultimo Sogno

Da quando mi sono svegliato qui, ancora non mi sono addormentato.

Io ho coscienza. Io ho coscienza. Io ho coscienza.

Non riesco a non pensarci. Lo hai tradotto? Conoscevi le rune anche tu? Come è possibile che le conoscevi nell'Ologramma? Pensavo di essere l'unico a cui fossero stati insegnati i linguaggi antichi che ci circondano adesso. Forse per quello non ti sei connessa. Ti sei allontanata. Forse stai solo reagendo così. Non sai neanche tu cosa fare. Ho creato il caos nella tua vita, ma hai deciso di conservarlo. Hai ricordato. Hai terminato la vita nei ricordi. Quindi ora anche tu riesci a pensare.

Ti serve tempo, potrei disturbarti senza volerlo, o potrei condannarci entrambi senza saperlo.

Mi odio. Forse non avrei dovuto fare niente. Che diritto ho di rendere infelice qualcuno mettendogli la verità di fronte agli occhi? Non lo so. A volte le mie azioni sono salti nel vuoto cosmico, perché un solo salto è sufficiente a farmi provare una sensazione universale. Adrenalina? No. È troppo forte. Sembra qualcosa che si muove di continuo, e che gira nel mio petto. Sembra esistere. Tutto questo è contro la volontà del Padre. Sono un reietto e sarò sicuramente dannato. 'I traditori vengono sempre scoperti', ripete la dottrina.

Eppure, a volte penso… E mi chiedo… Chi dovrebbe stare al mio fianco quando il mondo finirà? E mi vieni in mente, Faith.

Devo dormire.

Questa sì che è stata folle. Mi sono addormentato, e con la spina inserita ho provato a simulare sulle richieste che non avevo, ma non c'era alcun server a cui connettersi. Le pillole avrebbero effettuato un blackout totale della mia psiche. Vedi 'narcotico', vedi 'sonnifero', ma non avendo preso né l'una, né l'altra, ho sognato, per la prima volta nella mia vita.

Ricordo… La mia anima che vola in mezzo alle cose, che vede l'universo stesso in un altro modo, tra mondi con diversità percettiva e sensoriale.

Vedevo Mercurio. Vedevo me stesso sotto un'*amanita muscaria*[16], sdraiato sul gambo, all'ombra luminosa del purpureo cappello coperto dalle bianche verruche. Sotto l'ovolo malefico, consapevole di star agendo nel peccato, sulla cima rimbalzavano stelle, e i pianeti esplodevano. Si vedeva il freddo spazio, e alzatomi dal fungo mi sono ritrovato su un lungo percorso, e tutto, tutto, era immerso nel buio.

Stavo su un'asse di legno cubica, e accanto a me c'erano Faith e Connor. Camminavamo davanti a miliardi di altri percorsi, ma erano vuoti. Alla nostra destra stavano degli uffici, cubicoli con dentro persone quasi cibernetiche e bioniche, dagli occhi scarlatti. Tiravano oggetti a chi si muoveva, facendoli cadere nell'oscurità. Io e Faith eravamo fermi per non farci vedere o sentire, ma Connor si era mosso ed era precipitato nell'abisso.

Poi, calmata la situazione, proseguimmo, e quando lei arrivò alla fine, mi chiamò. Raggiunsi una piccola sfera e arrivai al pavimento nero, su cui potevo stranamente camminare. Lei era scomparsa, così corsi disperato nel vuoto a cercarla. Nel buio, però, vidi la cometa, la stessa che mi aveva salvato da Loro, e che forse di nuovo era il Cervello di Boltzmann. Il silenzio di quella notte mi invase il cuore. Cercavo di raggiungerla con la mano, mentre i miei occhi si illuminavano di bianco.

Forse voglio solo essere tuo. Sono giunto a quel livello di emozione, di sensazione celeste, in cui la vita per me si è inaridita, e cammino temendo che ad ogni passo il terreno ceda.

Io ti ho visto cavalcare la cometa. Tu sei Anarchia. E qui, in questo massacro, ho scorto tra le crepe sensibili del cielo, l'azzurro dell'eternità. Tu rendi l'universo caotico, fai scontrare i pianeti, fai esplodere le supernove, ti calmi attorno ad un falò, bevi il tè, ascolti la musica, e salti. Sia a te, Anarchia.

La luce diurna si è attivata. La notifica di un messaggio risuona dalla cassa del mio schermo portatile. È una notifica della Eihwaz – «Vogliamo informarti del fatto che il non possedere Fratelli d'Ologramma non è positivo per la scalata delle classifiche. Ti suggeriamo queste scelte con cui hai già simulato altre volte:» – e inizia una lista di numeri di persone con cui collegarmi, ma esclude tra questi sia Connor che Faith. Probabilmente li hanno già catturati. Non li hanno affatto perdonati, saranno stati mandati a redimersi, o peggio, saranno stati uccisi. Il messaggio, però, mi fa comprendere che non posso più dormire. Se mi connetterò nuovamente ad un server vuoto, forse lo sapranno, e verrò trovato in un attimo. Mi hanno privato della libertà di sognare.

Quindici minuti dopo il mio risveglio, la porta si è aperta. Attraccati alla potenza del Padre, proseguo nella routine che faccio in automatico. Il mio corpo sembra staccato dalla mia mente, sembra non appartenermi. Cammino e basta, e temo di star subendo la derealizzazione. Se non posso dormire, resisterò al massimo due settimane, e non credo che riuscirò a rimanere stabile dopo questo periodo di tempo.

Bene, ora sì che ho una data di scadenza, e guarda il caso coincide con il nostro annuale incontro di tutta la popolazione alla Sala della Verità.

Vado ai distributori e compro tre porzioni singole di caffè annacquato. Non posso strafare o sicuramente la sezione sicurezza si metterà ad indagare. Devo stare attento ad ogni piccola cosa e devo vederla sempre nel complesso generale. Almeno, posso pensare quanto voglio. Non possono leggermi la mente. Mi chiedo se provi la stessa mia emozione, la stessa mia paura, se ti manco. Tu mi manchi, e in un modo che non mi è mai successo. Vorrei scomparire in quel momento, e non tornare mai più. Ma devo vivere, perché non sono nato e basta.

Vado all'area educazione, dove il mio androide educatore mi ha fatto fare uno degli esami matematici giornalieri: distribuzione normale gaussiana, calcolo delle probabilità, grafici di una funzione. Mi sembrava di ricordare in automatico i passaggi, ma non riuscivo a scrivere niente. Neppure con gli appunti sullo schermo riuscivo a fare qualcosa. Eppure dovremmo essere programmati per questo, ma forse il mio cervello sta iniziando ad annoiarsi, e la noia ci fa tanto male che preferiamo il dolore ad essa. L'alienazione si fa evidente, il panico aumenta. Per l'arresto delle pillole, il mio stomaco e la mia testa iniziano a fare male, e una volta tornato alla capsula sbatto la testa sui muri. Le nocche mi si grattugiano sulle mattonelle esagonali.

Sono intrappolato. Fingo che tutto vada bene, ma non ho più volontà in nulla. Mi arriva un'altra notifica, stavolta della Fehu – «Il tuo credito oggi ha compiuto tre transazioni per le monodosi di caffeina, facci sapere cosa ne pensi della nuova produzione valutando il servizio e il prodotto tramite il tuo schermo.» – e in preda al panico mi sento del tutto seguito e osservato, mi sento violato di ogni cosa. Cosa devo fare? Non mi importa di me. Non posso essere me. Non ho nulla. Sono inerzia.

Tanto tempo, come giorni, mi sembrano poche ore. Le sento vuote, non le colgo, non le posso riempire. La melatonina che regola il mio ciclo del sonno biologico sta andando a puttane. Che il mio cervello con il sogno si sia un minimo stabilizzato a come dovrebbe essere normalmente? Crollo, immerso nelle allucinazioni e nei ricordi.

«Esistono altri modi di vivere. Il problema è che sono illegali. E ti senti stretto». «Integrarsi non è vivere».

«Quando hai solo bisogno di una via di uscita, non sei depresso, sei intelligente, e angosciato dal fatto che sei incastrato in una cosa rotta. A volte sembra che tu non abbia scelta, ma la vita è tua. Sei l'unica autorità della tua vita e puoi e devi autogestirti anche se il prezzo è molto caro. Ma ho speranza, o non sarei una anarchica convinta».

«Ci sono solo due strade. La morte o la fuga. Perché di rimanere in questa metropoli non ne ho intenzione».

Un vuoto.

«Meriti di essere amato tanto. La vita non è per forza questa. Raccogliere briciole per il formicaio».

«Io vorrei rovesciarlo questo monopoly in cui viviamo».

Nuovo sangue sulle nocche. Nuovi tagli. Nuovo odio. Venticinque anni buttati nell'organico cassonetto del tempo sprecato e della teatralità fittizia, dell'indifferenza spacciata per unità sociale. Il buco nero dell'alienazione. Ognuno è immerso nei propri pensieri inesistenti e già calcolati, nei propri affari, e nessuno bada agli altri. Non distolgono lo sguardo. Se qualcuno per errore si guarda, subito lo sguardo cade in preda alla paura, e inizia il pentimento. Certe persone si confessano persino alla Tyr su queste azioni, per quanto il senso di colpa li colpisce e la dottrina li illude.

Sarai immersa nella tua terra di pensieri, in una coltre di emozioni diverse, a scoprire il mondo, che è solo da cercare e farlo tuo. E il tuo sguardo? Si pone ancora sopra i nostri ricordi? Anche se era buio, quando ero felice, tutto si illuminava. Ora invece l'oscurità mi circonda, anche se circondato dal pallido metallo della sfera. Ho solo bisogno di parlare con qualcuno. No. Non con qualcuno, ma con te. Noi cerchiamo di rendere la nostra vita un tesoro, e i miei occhi ti cercano anche se sei lontana, colmi come il mare, e il mio animo diventa una carestia, divorata dalle cavallette, arida come il deserto. La mia vita e il mio amore soffrono e rilasciano tristezza, come una siringa nella mia vena di tranquillità. Mi sento bloccato, nell'eterna battaglia tra l'essere ed il nulla. È come se non sapessi come dovrei agire. Mentre tu dormi, la mia anima è lacerata, e accasciato dallo strazio amoroso sto solo vivendo nella mia testa. Da adesso, l'amore è la mia unica condizione di vita e l'alternativa sarà la morte. Perché tu mi vedevi.

Il mio corpo si fa pesante. Mi sono inserito la spina nel collo prima che suonasse il sensore di avviso, prima di cadere sul pavimento.

Nel sonno, finalmente sognai il tuo volto.

Stavamo insieme. La paura mi prese perché ci potessero scoprire, ma subito mi calmasti prendendomi la mano, e in quel momento il sordo suono dello spazio scomparve – «Qui puoi stare tranquillo, non possono sentirci. Vieni un attimo con me?» – e mi trascinasti tirandomi il braccio. Eravamo su una collina coperta di paglia e verde, circondati dalle montagne. Il modo in cui parlavi era esattamente come lo ricordavo. Siamo rimasti soli, ti sei avvicinata, e mi hai baciato, allontanandomi dalla tristezza.

Capitolo 12: Irraggiungibile

Mi sono addormentato, ho di nuovo sognato. Se scoprono che la mia capsula non si collega all'Ologramma mi prenderanno in un attimo.

Non posso più sbagliare. Non posso più sbagliare. Non posso più sbagliare.

Mi scolo tutte e tre le capsule di caffeina e appena uscito vado direttamente a comprarne altre tre. Vaporizzo i tetraidrocannabinoidi per tenermi attivo, per continuare a pensare più che posso.

"Perché il cielo è la nuova dimora degli uomini? Perché nessuno di noi può aprirle? Perché le abbiamo?", scrivo a caratteri cubitali sul diario.

Il libro su cui scrivo è di un negozio della sede della Ehwaz, uno di quelli incompleti e ormai di vecchissime generazioni. Non ha nemmeno il codice a barre, e per forza di cose sono riuscito a rubarlo. Non so come le telecamere non mi abbiano visto, ma devo scrivere ancora. Un rigurgito infinito di parole che non posso dire, non ora, ma che spero presto qualcuno leggerà.

Come fai a sorridere nonostante tutto? Non sono solo le lacrime che ti salvano. Tu hai qualcosa. E questa cosa che sento mi piace davvero tanto.

Ho paura di morire da solo, ma sarà inevitabile. Alla fine, mi troveranno. È davvero così impossibile svegliarsi da questo incubo? Sembra improbabile, ma gli altri qui riescono a pensare il vuoto. Come si può non pensare? Non ho idea di che fare. Leggo qualcosa, e mi stufo di leggere. Vedo qualcosa sugli schermi, e mi stufo di vedere. Ascolto, e il fischio costante nelle orecchie mi comincia a paralizzare, mi toglie il respiro e mi fa precipitare nell'abisso. È questo il prezzo da pagare? È questo quello che mi merito? Il corpo mi trema e vibra di dolore, e mentre soffre, la mia mente vaga nell'indefinito, nell'irrazionale, perdendosi. Non posso guidare la nave della ragione nel mare della follia. Come abbiamo fatto a rendere la ragione l'infinito e la follia il finito? Sto solo sorridendo e piangendo. Riesco a sentire la serotonina e la dopamina del mio cervello scendere. Studio un po', anche se ormai non riesco a capire nulla di quello che leggo. Dov'è la mia mente? Cosa sto facendo? È troppo complicato andare avanti in questa maniera. Imitare tutti quanti mi sta risultando insopportabile. Mentre osservo, dalla finestra della Dagaz, il firmamento attraversato dal sole, mi rendo conto di me stesso. Io sono irraggiungibile solo finché lo è ciò che mi preme e per cui mi batte il cuore. Devo solo raggiungerti, posso farcela.

Sono passate 45 albe e 44 tramonti.

I test della centrifuga sono terribili.

Il mio corpo è malnutrito e l'insonnia forzata non aiuta per niente.

Guardo il nulla ogni giorno. Ormai non riesco a concentrarmi. Tutto sembra sempre qualcosa che ho già visto troppe volte.

L'Ologramma riempiva questa sensazione di benessere. Pensare che stavo per connettermi ad altra gente sul server per non destare sospetti, ma poi ho pensato che avrei potuto scordarmi di nuovo tutto. E non volevo, non potevo. L'amore o la morte, ho detto. Un'altra notte, invece, il segnale della spina è durato molto tempo prima di accorgermi che stava lampeggiando. La veglia che va avanti da giorni ti fa scordare le cose, poni meno particolari a ciò che ti circonda.

Ogni 15 giri intorno alla Terra devo attaccarmi quel dannato affare e rimanere sveglio. Non sono mai stato così grato del fastidio. Se smetti di dormire per giorni, però, le connessioni neuronali fondono e il tuo cervello smette di produrre dopamina e di metabolizzare il glucosio. Le cellule cerebrali iniziano a morire più velocemente, e tu inizi ad agire come un automa, in preda all'ansia e alla depressione. Si può dire che aiuta a non farmi beccare, ma non è un bello spettacolo.

L'unica informazione che mi rimane è: sopravvivi con lei.

La ragione inizia a collassare. La mente inizia ad abitare la follia e comincia il soliloquio dell'anima. Perché solo dislocandoti dalla ragione sarai in grado di amare.

L'esistenza viene data per scontato.

Voglio aspettare che si crei la brace per cucinare. Voglio di nuovo quel silenzio, con le mie persone speciali, non questo.

Costellazione di Orione. La mente è oltre l'uomo. Il fatto che sono cosciente, ha a che fare con gli atomi che mi compongono. Sono gli stessi delle stelle di miliardi di anni fa, quelle che guardiamo ora, che probabilmente sono già esplose e noi neanche lo sappiamo. Il mondo è morto, siamo tutti in discesa. Noi siamo gli ultimi, e vedremo la fine. Il nostro eterno precipitare si sta concludendo.

La vita inizia quando si ha toccato il fondo. Quando si ha perso tutto.

Questo è il demone. Questa è la bestia. Non è che un loop, su un mezzo e in una direzione senza meta, in transito. E se fossi già morto? Essere qui fa schifo. Forse siamo destinati alla contraddizione di noi stessi. Viene la paura, poi l'odio, ed infine la bestia, che dalle nere fenici, dalla morte, dalla cenere, brilla di nero, rara e inafferrabile dalla realtà circostante costruita.

L'uomo ha perso la bestia scorrendo il dito su un nuovo catalogo, su una lista di informazioni, pubblicando una ennesima parte della propria vita di fronte agli altri. Per sentirsi sicuri. Per sentirsi normali. Normali un cazzo.

La bestia sa quanto è costato tutto questo. Quanto sangue color rame è stato versato, quante foreste sono andate distrutte, quanti corsi d'acqua sono stati inquinati. Tutto per una banconota e un po' di intrattenimento. Per tenerla a bada, per sopprimere ciò che eravamo un tempo: folli, sacri, collegati alla bestia e non marionette in vita senza fili. Eravamo perfetti e in equilibrio. Il cielo ci ha solo confuso le idee. Dovevamo restare fedeli alla Terra e fedeli al demone. È tutto nato dalla fuga. E ora? CAOS.

Sono riuscito a placare il delirio che ho scritto, temo di star impazzendo.

Mi troveranno. Come faccio a cercarti? Il Padre è duro con gli eretici, perché reputano che non c'è nemico peggiore di un bambino smarrito, ed io sono perso senza di te.

Ho scritto abbastanza, forse sto per addormentarmi, e ho la fottuta paura di non svegliarmi domani. Forse questa è l'ultima volta che scrivo. Forse stanotte mi prenderanno.

È stato bellissimo. A chi mai trovasse questo libro e leggesse i miei ultimi attimi, ti prego, salva questo mondo, che tu sia uno dei premiati, uno dei sapienti, uno di Loro, o una persona come tutte le altre. Sappi che tu sei cosciente e che puoi pensare da solo. Il tuo pensiero, tu, sei quello che legge in questo momento. Non sei colui che interpreti nell'Ologramma. Questa è la realtà, questa è la tua vita. Non farla cadere a pezzi.

Se riesco, riporrò questo libro in negozio, sezione verità.

Quindi, questa è l'ultima volta che ci scriviamo, diario. Avrei tante altre cose da dirti, ma andrà bene così, magari la prossima volta.

Mi manchi. Sia tu che lei. Apri gli occhi, cambia questo mondo.

Capitolo 13: Tracotanza

"Non me ne frega niente dei soldi". Questo è quello che penso mentre sono seduto su una sedia, con lo schermo spento in mano rivolto verso il basso. D'improvviso, sul palco sferico immenso davanti a me e a tutti gli altri Figli, arrivano dimoranti i sapienti, su delle sedie perpendicolari ad una sfera nera.

ᚠ

Questo luogo è la Sala della verità. Il suo simbolo è enorme, nero, al centro del maestoso spazio. Il riflesso acceca quasi ustionandomi gli occhi. Ci sono praticamente tutti, e sfogano il loro consenso sbattendo compulsivamente il telefono sul palmo della mano, tenendolo tra le gambe o alla propria destra. È una delle azioni basilari per esprimere il "sì". Neanche una parola. Non un urlo. In queste occasioni è possibile vedere solo sorrisi di beatitudine o di estasi per la visione, o per l'aver finalmente sentito qualcuno parlare. Ma sono eventi che non accadono spesso e tutti sembrano pallidi e inespressivi, mentre scrivono messaggi ad un unico ricevitore che vengono visualizzati su un gigantesco doppio schermo. Quanto ai sapienti, stanno su un frammento microscopico di stella di neutroni, circondata dallo stesso materiale del Padre ma colorato di nero. Gravità, hanno iniziato anche a venderla.

Si ergono al centro della sala.

«Noi siamo la pupilla del Padre, coloro che lo vedono, gli parlano, e per questo capaci di esprimere a voi il suo volere, per creare il nostro percorso insieme, il percorso del Figlio!»

Clap! Clap! Clap! CLAP! CLAP! CLAP! Un acufene potentissimo generato dal compulsivo applauso di quasi venti miliardi di persone mi colpisce, mentre continuo a far finta di ammirarli, sbattendo con forza il mio schermo sul palmo. Sono neo-uomini, la cui caratteristica essenziale è quella di essere in relazione ad altro, solo che l'altro non ha il volto di un altro uomo, o della natura, ma quello dell'apparato tecnico, all'interno del quale essi sono in relazione non con sé stessi, ma con la propria funzione. Quando infatti ci sono relazioni tra uomini, l'incontro non è già più tra individui ma tra fattori economici. Le OC dominano davvero il Padre, sono una sua personificazione. Tutti hanno perso importanza dietro delle maschere impresse, che ci rappresentano nella nostra funzione, e paradossalmente, quindi, si diventa nessuno.

«Come ripete il Padre?»

La folla esplode in un potente urlo all'unisono – «Nessuno è il nostro nome! Io sono il Figlio!».

È una delle poche frasi che siamo autorizzati a dire circondati da qualcuno, e solo in queste occasioni collettive. Questo momento si riempie di amarezza. Tutto diventa fermo e vedo le persone in una chiesa che riempiono di parole vuote un otre senza fondo. Passa l'acufene, e di nuovo sento echeggiare come una frequenza esplosiva – «Io sono il Figlio!» – e tutti si alzano in piedi.

Ma io non urlo, non mi alzo. Sono stanco di fingere, sono stanco di simulare. Voglio solo dormire. Seduto, cado addormentato, e una telecamera mi nota. Riferisce le informazioni agli automi della sezione sicurezza, che manda le informazioni alla Macchina, e il Padre mi vede. In quell'istante, e solo in quell'istante, quello in cui sento che sto precipitando nel terreno, apro gli occhi e vedo un'altra persona, seduta in mezzo a tutte le persone in piedi, che ha appena urlato il mio nome e che mi guarda con le lacrime – «Socrate!».

Precipito nell'abisso nero, inglobato dal bianco metallo. Sembra l'evento di Newbirth di cui parlava Faith, ma non era alcuna rinascita. Sembravo star cadendo nella botola di un impiccato. E mentre accade tutto questo, penso a ciò che sono, quasi istintivamente, quasi fossero pensieri indotti non generati dal mio cervello – «Sono nulla. Sono una semplice cellula di risposta funzionale, e presto raggiungerò l'eterno del Padre.» – e in caduta libera nell'oscurità mi rendo conto che non sono affatto i miei pensieri. Non mi riconosco neanche nel momento della morte, e quindi urlo – «Il mio nome è Socrate, ed io sono mortale».

Il buio che mi acceca, scompare. Mi ritrovo Faith a due passi da me, sdraiata sul terreno bianco, e sembra svenuta. Gli occhi mi stanno bruciando da morire. Ci vogliono accecare. Lei si alza e sta per aprirli, ma io mi precipito a coprirla con il corpo dalla luce. La tocco, mi vede, e con le mani attorno ai nostri occhi, il terreno emette un flash, mentre noi ci baciamo.

Il tempo rallenta, ed è il momento più bello di tutta la mia vita.

Quando tutto torna sopportabile, la luce diminuisce, attorno a noi dieci sapienti ci guardano. "Gli altri saranno ancora sulla loro sfera nera, a convincere tutti della verità", penso. Non c'è alcuna vitalità nei loro occhi, dentro sono bianchi, cechi. Le pupille mi bruciano, ma vedo ancora. Uno di loro, con il simbolo della Naudiz, mi indica e urla – «La scienza del Padre ha rimosso il dolore della fatica e del parto, ha superato lo sfondo eterno e l'ha reso finito» – e un altro, della Algiz, continua – «Tutti verranno al Padre e saranno infine giudicati. Il Figlio potrà redimersi con lo Spirito, con il *Passaggio*, con l'Ologramma, ed essere finalmente il Padre di nuovo» – e con la scintillante spilla con il simbolo della Tyr, il generale supremo si avvicina ad entrambi e ci fa – «Ma voi due avete il male dentro di voi!» – e gli altri lo seguono ripetendo la frase – «Se tutto ciò che vi abbiamo dato non è servito, l'unica alternativa è la redenzione». Uno di loro clicca qualcosa su uno schermo, e io rispondo terrorizzato – «Io sono l'insensatezza personale siffatta follia dell'anima. Sono l'insensatezza che per sua essenza è meglio non indagare delle sue azioni!» – sgorgo una mania di parole confuse. I sapienti all'unisono ci ripetono che il peccato resta ancora nella nostra mente. Sembrano marionette, non sono vivi. Mi alzo prendendo la mano tremante di Faith. Corro. Tutto è uniforme, non si vede l'orizzonte, e sbatto al bianco che ci circonda. Con la mano verso l'invisibile muro, dico – «Allora io quel male non solo lo voglio, ma lo desidero.» – e lo tocco, sentendo le mie dita appoggiateci sopra.

Il pallido sfondo vibra e parla – «***PERCHÉ?***» – possente, maestoso e profondo. Sono spaventato, i sapienti ci stanno raggiungendo, e con decisione affermo – «PERCHÉ IO L'HO VISTO, ma solo tu sai di che sto parlando, vero? Loro non lo sanno?».

La voce non risponde per un momento, come se l'avessi messo in difficoltà. Poi, fa – «**Sei un tracotante. Sarai errante nell'insensatezza, o corpo che affoga**».

Stringo la mano a Faith, guardandola con tristezza – «Mi dispiace non essere riuscito a salvarti» – mentre lei mi sorride in lacrime. La voce prosegue, stavolta in tono meno maestoso, come se stesse seguendo un codice, un ordine di parole da dire già scritte – «**In verità vi abbiamo plasmati, e dissi agli angeli di prosternarsi a me. E così fecero, ad eccezione tua. Cosa ti impedisce di farlo nonostante il mio ordine?**» – e continuo il botta e risposta con ciò che non vedo, mentre i sapienti ci raggiungono e Faith mi stringe – «Sono migliore del Figlio. Mi hai creato dall'aria, quando appartenevo alla Terra.» – ed entrano Loro nella stanza immacolata – «**Eri quasi come un cherubino ad ali spiegate, a difesa io ti posi sul santo mezzo del Padre e camminavi in mezzo a pietre di fuoco e polvere splendente. Perfetto tu eri nella tua condotta quando fosti creato, finché fu trovata in te l'iniquità. Accrescendo i tuoi sogni ti sei riempito di violenza e di peccati, di desideri, e in qualche modo sei sfuggito al mio ordine. Vattene, sarai tra gli abbietti, scacciato**

e ricoperto di abominio. Riempirò l'Inferno di tutti voi, tu e coloro che ti avranno seguito».

In questo momento, la vita mi passa davanti. Stanno strattonando Faith per il braccio, mentre ci dividono con la forza, e scalpito cercando di fermarli o di colpirli. Uno dei sapienti, mentre vengo messo a terra dai caschi neri che mi schiacciano il ginocchio sul collo, dice – «Tu che adotti quelli che il Padre, sconvolto dall'ira, scaraventò dall'Eden sulla Terra, lontano dal suo volto, abbi pietà della loro miseria».

Blackout indotto, *sonirem*[17] iniettato nella giugulare. L'ultima cosa che vedo mentre le mie urla si assestano, è il suo volto. Non era più la stessa persona. Non aveva la stessa pelle e le pupille erano ormai spente. Per la prima volta, vedo uno di Loro negli occhi, attraverso il visore scuro, e cado in un sonno profondissimo, pieno di rimpianto per averlo abbandonato a questo destino.

Capitolo 14: Redenzione

Sono di nuovo solo, in cella. Mi chiedo che ore siano e dove mi trovo. Non ci sono finestre, ma ne ho piena certezza. Questa è la Camera di Redenzione, e ne vedo il simbolo sopra la porta.

La chiamano ‘tortura bianca’. La camera è insonorizzata con porte a scomparsa e luci in diversi punti, studiati per evitare di gettare ombre. Tutto è completamente asettico. Loro sono probabilmente oltre la porta che vedo, con particolari strumenti per non fare alcun rumore. Col passare dei giorni, perdo l’uso dei sensi. Dopo quello visivo, il tatto, perché ogni cosa è liscia. Se vengo nutrito, è solo con il riso in bianco, insapore, perdendo il senso del gusto e dell’olfatto. L’udito, con il silenzio, si affievolisce. Deprivazione sensoriale. La derealizzazione arriva dopo poche settimane, portando ad allucinazioni e follia in un infinito candore.

“Come se non fossero giorni che sono in queste condizioni”, penso, “a dire il vero, è tutta la vita che sto così, me ne sono solo reso conto da poco. Non ci sono quasi differenze con la vita nella capsula. Posso solo pensare, di nuovo, ma questa potrebbe essere l’ultima volta che lo faccio. Lo sapranno se penso? Possono arrivare a questo? Se ci avessero impiantato qualcosa nel cervello in modo da trascrivere i nostri pensieri e analizzarli? Magari quasi perfettamente. Beh, ormai non ha importanza. Fottetevi. Autodistruggetevi. Consumate. Seguite. Guardate. Accecatevi da soli. Dimenticate”.

Mi metto a sedere sul pavimento, e chiudo gli occhi. Mi concentro sul respiro e nient’altro. Do valore ad ogni cosa, niente ora deve essere scontato. “Senti la vibrazione dentro di te, all’interno della tua mano. Senti i tuoi polmoni che si espandono, il diaframma salire e scendere, il flusso che ti tiene in vita. Poni attenzione ad ogni piccolo movimento involontario, e cerca di rilassare ogni punto. Sii cosciente del tuo corpo, sii il tuo corpo in ogni sua parte. Prima il dito, sentilo, la sua energia scorre e spinge verso l’esterno, intorpidendolo. E ogni pensiero che ti arriva non scacciarlo, non combatterlo, ma fatti attraversare, qualunque esso sia. Devi raggiungere la calma. Devi restare con tutto te stesso qui, in questo momento, perché come dicevi, esiste solo l’ora.” Apro gli occhi. Uno di Loro, senza neanche accorgermene, mi sta davanti. Non l’ho sentito entrare. Mi prende per il collo, mi solleva in alto, stringe, e io soffoco.

La morte sembra prendermi, cominciando col vedere sempre più oscurità. Dal nero che mi circonda, poi, intravedo una figura sbiadita: un tavolo, cinque di Loro attorno a me, e una voce – «Non temere, ti abbiamo osservato tutti questi anni, ma ora ti salveremo dal male, e sarai di nuovo il Figlio. Ovviamente, questo solo se segui quello che dico, e se mi risponderai nel modo giusto».

Io mi provo ad alzare, senza alcuna forza, e subito lui mi mette la mano sul petto e spinge, facendo un suono con la lingua sui denti, facendomi ricadere nel buio.

Sono di nuovo solo, in una cella. Mi chiedo che ore siano e dove mi trovo. Non ci sono finestre, ma ne ho piena certezza. Questa è la Camera di Redenzione. Dopo una quantità di tempo che non so quantificare, un androide entra nella stanza, e lui senza sentimento mi viene incontro. Mi alzo, non mi muovo, sudando freddo. Mi prende l'avambraccio e mi analizza polso, riflessi, ossa. Mi scannerizza con un fascio di luce verde. Non lo guardo nemmeno in faccia. Si fa da parte, ed entrano sei di Loro. Tra questi, anche se non lo vedo, sento la sua presenza. Di quello che rimane di lui, perlomeno. Mi bloccano il corpo, due davanti e quattro dietro. Le mie ossa fanno un rumore strano, non sento più il mio corpo sotto il collo, grido, e cado di nuovo nelle braccia della morte.

Dall'abisso senza pensieri torno a vedere, stavolta meglio di prima, il tavolo. Le mie gambe sono bloccate da delle cinghie, e ci sono cinque membri della Tyr. La voce continua – «Sei tosto. La tua volontà è davvero impressionante, non mi stupisco che tu sia arrivato fin qui,» – e mi sento preso con forza, con le dita che entrano nella carne e bloccano le vene – «ma ora torna giù».

Sono di nuovo solo, in cella. Mi chiedo che ore siano e dove mi trovo. Non ci sono finestre, ma ne ho piena certezza.

«Questa non è la Camera di Redenzione! Questa è un'altra illusione. Quei bastardi mi stanno facendo vivere la mia morte, ancora e ancora!». Un urlo è emesso dalla mia bocca, e mi sento intrappolato, nel panico più totale. Potrebbe essere tanto tempo che va avanti la cosa. E anche lei starà subendo lo stesso. «Ti devi calmare. Stai calmo.» – mi dico per rassicurarmi – «Non devi scappare dal dolore. Sì. Lo sopporterò tutto» – mentre cerco un modo per non farmi prendere da nessuno.

Stavolta solo uno di Loro entra, lo prendo di lato dalla porta e lo butto a terra. Comincio a stringergli le mani intorno al collo più che posso, mentre si divincola. Le mie unghie entrano nella sua carne, e poco prima che perda coscienza un uomo mi sbatte le mani aperte sulle spalle e mi tira via. Scaraventato, mi alzo e combatto più che posso, facendo cadere ad uno il casco. I due usano i manganelli, contro la cassa toracica e alle spalle, prendendomi a calci quando cado. Smetto di divincolarmi, e subisco passivamente. La bocca mi si riempie di sangue. Quello che non ho ferito al collo mi prende per la camicia bianca, in preda alla stanchezza, mi si avvicina senza più il casco e inizia a prendermi a pugni il volto. Io sogghigno sarcasticamente con il sangue che mi sgorga a fiotti dal naso, finché si ferma ad osservarmi. In quel momento, gli sputo sangue nell'occhio, e lui si agita lasciando la presa, coprendoselo con le mani. A quel punto, con uno scatto provo ad uscire dalla porta, e attraversandola, il pavimento oltre diventa inesistente, facendomi cadere non più nel vuoto ma dentro il mio corpo.

Ho gli occhi aperti, tremo, e mi sono alzato per lo spavento dal tavolo. Sono in piena apnea respiratoria, boccheggio fortemente, mentre i capelli sono bagnati e freddi. Uno si mette di fronte a me, e mi stringe il collo in una morsa maniacale – «Pare che non funzioni. Come preferisci, sembra che il dolore a te piaccia reale» – spingendo la testa sul tavolo, facendomela sbattere e legandomi una cinghia alla gola.

Si mette davanti al mio volto. Le luci sono fortissime – «Se menti, sei evasivo, o cerchi di liberarti, griderai, e avverrà l'estrazione seduta stante. Stai molto, molto, attento alle parole che usciranno dalla tua bocca blasfema».

Sono fottuto.

Lo guardo in silenzio mentre si posiziona accanto a me – «Hai cercato di opporti continuamente, di oltrepassare i limiti imposti dal Padre, di offenderlo». Si sfila un guanto nero. Un sottoposto gli porge una siringa, mentre lui fissandomi dice – «Sai, la tua memoria è danneggiata. Non riesci a ricordare eventi reali, e ti convinci di ricordare fatti che non sono mai accaduti» – e si ferma, ricominciando poi con tono ironico – «Serviva della volontà che non avevi, ma non preoccuparti, ti ripareremo dalla tua pazzia con la ragione» – mi soffoca, e mi inietta il contenuto nel collo.

Ulteriore blackout.

Un ricordo, forse il primo che io abbia mai avuto, nascosto negli angoli più remoti della mia psiche.

È una casa.

Sono dentro, ed è totalmente buio. Fasci di luce entrano da tre piccole fessure di una persiana verde. Guardo attraverso i buchi, e in qualche modo esco fuori, nel luogo senza contorni. All'esterno della casa, completamente fluttuante su un'isola attorno al nulla, ne vedo le mura, che si confondono con lo sfondo. Osservo dal precipizio il luminoso abisso, e buttandomi, divento io stesso luce, tornando nella realtà.

Sono legato con la schiena rivolta in alto, la mia testa vede gli scarponi neri. Sento un rumore metallico, come di qualcosa di piccolo che cade in una ciotola di acciaio.

«Ok. Ci siamo. Vedo dai parametri che ti sei svegliato. Ti sei reso conto che ti abbiamo levato il chip nel tuo cervello e la presa sul tuo collo?» – mi chiede – «Che diamine avete fatto?» – urlo e provo a muovermi, ma le cinture mi bloccano. «Eseguire» – dice, e torno al mio solito posto, nell'assenza.

«Rammenti di aver letto durante l'Ologramma la frase "Se scegli di morire nei ricordi, ricorderai tutto al risveglio"? – sento nell'oscurità, e non rispondo. Galleggiante nell'oscurità, sento dolore, e la voce si fa più giudicante – «Lo rammenti? Eri in una casa, quella che Connor aveva trovato» – ripete, e io rispondo all'istante di sì. Il dolore rallenta – «Cosa pensi che sia quella frase?» – rispondo immediatamente – «Non lo so, un… Modo. Un modo per uscire dalla simulazione senza perdere memoria di essa, nascosto al Padre. Quel posto dove l'ho trovata era quasi come questo. Forse qualcuno ha cercato di avvertirmi» – «E ne sei convinto perché ora ricordi?» – ironizza in maniera quasi maniacale la voce dell'oscurità, tingendosi di qualche strano colore inesistente – «Si».

«Sappi,» – mi fa – «che non funziona assolutamente così. Non hai scoperto alcun errore del sistema, o di trascrizione, come invece affermavi tu. Casomai, tu lo sei. Se hai iniziato a ricordare è perché il Padre ha deciso così, non certo perché sei morto nei ricordi. Lui ha voluto farti seguire alla lettera le indicazioni. Noi, invece, abbiamo fatto in modo che Connor ti facesse trovare quella scritta, quando l'hai lasciato andare da solo. Lo abbiamo reso di nuovo il Figlio» – e non si rende minimamente conto che Connor è proprio la voce che sento nell'oscurità. Non si ricorda nemmeno che quella non era la sola scritta che abbiamo letto – «Purtroppo per te, anche la tua amica ha continuamente ricordato la scritta e la frase che le hai nascosto nel diario. Lei non ha mai smesso di pensarci, ed è stata presa grazie al piano del Padre».

Torno alla realtà, alzandomi con tutta la forza che ho dal tavolo, e sbraito in piena angoscia, rompendo le cinghie – «Dove sta? Cosa le state facendo? LASCIATELA ANDARE!» – uno di Loro mi blocca, e ciò che resta di Connor mi mostra davanti agli occhi il biglietto. Muovo le braccia per prenderlo, quasi rompendo le restanti cinture, e le guardie aumentano la presa su di me. Sento la sconnessione di qualche giuntura – «Come sei stupido. Credi che questo biglietto esista davvero? Ma come è possibile, se è solo parte dell'Ologramma? Che anche tutto questo sia finto? E se fossi semplicemente pazzo e ti stessi immaginando tutto? Se fossi un cervello in una giara di vetro controllato da qualcuno?» – tutti ridono all'unisono.

Si divertono a prendermi per il culo. Vogliono farmi impazzire – «Esiste. Anche se questa fosse solo finzione, quel biglietto l'ho scritto io. Quel biglietto esiste nella mia mente. E voi stronzi non potete farci assolutamente nulla.» – e rido. Gira il tavolo, mettendomi dritto davanti a sé, e ora lo posso vedere bene in faccia. Posso vedere gli altri due attorno a lui, e percepisco altri tre dietro di me. Ennesima sconnessione di giuntura, che mi fa gridare di dolore, e poi ridere ancora – «Voi vi state solo divertendo. Pensate di potermi fare impazzire e poi riempirmi il cervello di altre cazzate. Ma la verità è che non potete fare assolutamente niente. Ciò che penso da quando mi sono svegliato non è sradicabile. E voi lo sapete benissimo, ma pensate che con il dolore io possa cambiare idea. FATEMI MALE QUANTO VOLETE, IO NON-» – ricevo un cazzotto in pieno centro della bocca dello stomaco. Affanno a respirare, mi si blocca il diaframma, e le convulsioni mi prendono con forza – «Tenetegli la testa» – comanda. Mi da altri cinque o sei pugni, e tutto il mio corpo cede. La testa cade sotto il suo peso. Le mie braccia sono tenute a lato, ed io bloccato da tutto, crollo. Perdo sangue dal naso, dalla bocca. Le labbra sbavano saliva mischiata ad emoglobina. Poi, ancora cosciente, mi alza la faccia con le dita, tenendole sulle mie guance, e si fa fissare – «Non identificabile, non esiste, non è mai esistito nulla. Lo credi?». Io sono mormorante, a malapena riesco a muovere le corde vocali, e sibilo – «Esiste, è nella mia memoria, per quanto danneggiata possa essere, io ho visto, io l'ho pensato, io l'ho scritto, io l'ho messo nel suo diario.» – riempiendogli la mano di sangue, apro gli occhi, mentre la rabbia lo prende. Si sente dal suo tremore – «E so che tu, da qualche parte, ricordi ciò che hai visto. Ricordi quando sei fuggito da Loro. Ricordi che mi hai detto di non separarci più. Tu hai provato ad avvisarmi, ed io ti ho lasciato andare via perché pensavo troppo ad una ragazza. Come ho potuto scordarti, Connor? Ti ricordi tutto questo, vero?» – ma lui non fa una sola espressione facciale, non si impietosisce neanche un minimo, e smette di tremare – «Io non lo ricordo.» – e la mia anima si lacera nuovamente – «Ciò che accade nell'Ologramma non riguarda il Figlio, lo macchia del peccato. Deve rimanere segregato lì.» – perché sta sopprimendo sé stesso. Sogghigno, e sputo altro sangue a terra.

«Ti fa ridere eh? Non siamo metafisici, Socrate. Lascia che ti chieda, il passato esiste?» – mi pone la domanda esattamente nel modo in cui lo ricordo – «No. Dovresti ricordartelo. Ti ho detto che esiste solo il presente, tutto sta avvenendo sempre ora. Il resto sono ricordi di quegli avvenimenti» – e avvicinandosi alla mia faccia mi fa – «Quindi la memoria non esiste, no? Ciò che ricordi non esiste più.» – «No. Perché non sei tu a controllare questa cosa. Essa può tornare in ogni momento nel presente. Lei c'è, ed esiste per questo. Ti rode, eh? Lo sento. Sembri invidioso del fatto che io riesca a poter ricordare le emozioni. E di conseguenza, non come te, posso ancora provarle qui.» – e di nuovo sputo un getto di sangue, stavolta diretto alla sua faccia, ma sembra non dargli alcun fastidio. Fa un cenno agli uomini, mentre si pulisce con un panno. Vengo percosso sulla schiena, e il tavolo si rimette orizzontale. Il dolore torna ad aumentare mentre delle articolazioni si lussano – «La memoria è qualcosa che va controllata. E puoi farlo, ti basta la volontà, e… La disciplina. Non è il Padre, o la Macchina, o la Tyr, o Loro a doverlo fare. Sei tu che lo devi fare. Tu la devi disciplinare.» – e l'osso si spezza – «Per questo l'Ologramma è stato creato. Lì deve stare la tua memoria. Lì è dove sta la memoria di Connor, ma non la tua.» – del sangue scende sul mio fianco. Con la faccia in preda ad un urlo secco e rivolta al pavimento, lo vedo tingersi di rosso, riempiendo le divisioni esagonali tra le mattonelle. Tirano forte. Strappano con violenza. Tagliano i legamenti.

«Sei la contraddizione tra l'Ologramma e la Realtà. Hai preferito essere un folle, dislocandoti dalla ragione, dalla verità, dall'essere libero grazie ad essa.» Vomito sangue, mi esce da dentro ormai. Sono devastato, ma sempre presente – «Connor...» – farfuglio, mentre il mio cervello per autodifesa sta iniziando a svenire. Lui si limita a dire – «Connor non esiste. Socrate non deve esistere. Faith non deve esistere. Io sono il Figlio.» – e dà un altro ordine alle guardie.

«**Prima estrazione riuscita**» – vibra la stanza. Il pavimento è pieno di sangue, e ormai una è stata strappata. Quasi riesco a riflettermi nel liquido. Ho un attacco epilettico.

«Credi di sapere qualcosa? Credi di possedere la verità? Per questo ti credi migliore del Figlio?»

«Io non so niente, per questo problematizzo tutto. Ma non conosco nulla. Assolutamente nulla.»

«Stai mentendo. Tu hai detto alla voce che hai sentito che ti sei convinto di una cosa. Me la ripeti?»

Ho le lacrime agli occhi, completamente iniettati di rabbia e sangue.

«Che l'ho visto. Io non te lo so spiegare. Io l'ho visto.»

«Che cosa? Credi di conoscere qualcosa se hai visto. Cosa hai visto?»

«Non lo sai allora! Avevo ragione. Anche il Padre nasconde qualcosa a voi. Io non posso fare a meno di vedere ciò che ho davanti agli occhi. Io l'ho visto, io conosco, io so.»

Si incazza, credendo che sto solo mentendo per salvarmi – «Uscite» – dice alle altre guardie, e siamo finalmente soli.

Mi si mette davanti con la fronte completamente contro di me, e calmo mi chiede – «Cosa hai visto? È l'ultima volta che te lo chiedo. Stai attento.»

Mi arrendo.

«Una… Perseide.»

Mi guarda male, come stessi nascondendo qualcos'altro.

«Tu sei pazzo. Tu hai visto una cometa e ti sei convinto di sapere? Non ha alcuna razionalità, non ha alcuna logica.»

«Lo so. Ho solo sentito che c'era lei. E che era Tutto e Nulla allo stesso momento. In movimento e fermo. Prima buio, poi luminoso, e poi di nuovo buio. Connor sono sicuro capirebbe, ma come hai detto tu, ormai è dormiente per sempre. Ma quello che ho visto, lui, mi ha salvato da Loro.»

Mi scuote – «Dimmelo, fammelo capire. Parla per farmi capire. Cosa hai visto?»

«Come diamine te lo spiego se mi continui a scuotere. Non respiro. Lasciami.»

Obbedisce, mostrando dell'umanità, e per un momento mi riposo – «E va bene, te lo dirò, ma non sono comunque sicuro che capirai, né che mi crederai. Avvicinati.»

Fa un passo.

«Di più.»

Si mette accanto la mia nuca. Mi giro e dico – «Un Cervello di Boltzmann.»

I suoi occhi si aprono. È sconvolto. Non sa cosa dire, e dei dubbi stanno assalendo la sua mente.

«Tu hai visto cosa? Come faccio a crederti. Sono solo ipotesi del Padre e della Macchina, probabilità quasi impossibili. Dimmi come faccio a crederti.»

«Ormai non puoi, ormai Connor è morto. Se proprio vuoi capire, vai nella sezione verità, nel negozio principale della Ehwaz. Lì, troverai un libro, senza neanche il codice a barre. Leggilo, se lo trovi. Se non lo trovi, è probabile che il vostro sistema inizierà a collassare dall'interno. Se lo trovi, invece, deciderai tu se darmi ragione o se continuare questa stupida storia del Figlio e del Padre. Lo sai solo tu, ti ho visto premere il pulsante delle telecamere e dei microfoni poco fa. Tu sei curioso, proprio come lui. Ma ora, devi continuare il tuo lavoro, lo so meglio io di te che devi essere perfetto anche in questo. Prosegui.»

Lui alza un sopracciglio, fissandomi, e apre la porta con il pulsante, facendo entrare di nuovo le guardie.

Dolore. La mia presenza nel corso della storia del Padre fu cancellata.

Di me, del mio codice, non rimase nulla. Fu come se non fossi mai esistito.

Capitolo 15: Nuovo Mondo

Terra, 2052

«Tu odi le persone» – mi sveglio nella stessa stanza, non so quanto tempo dopo. Non sono più legato, ma sul pavimento pieno di sangue e completamente nudo. Lui mi guarda, seduto su una sedia davanti a me – «Anche la seconda estrazione è stata eseguita. Fortunatamente per te, sei svenuto prima che avvenisse. Ti abbiamo suturato le ferite e riempito di farmaci e nutrimento.»

Ormai non dico più nulla – «Guarda e vivi tu stesso il peccato con i tuoi occhi, così saprai, come dici tu».

Aziona il pulsante, e delle mattonelle esagonali si girano e diventano specchi. La mia immagine è grottesca. Livido, spoglio, la schiena piena di croste e sangue essiccato. Il corpo è denutrito e le scapole sono devastate. La stessa sorte sarà toccata a Faith.

«Siccome non hai scelto la vita, ed il tuo nome non è più nessuno, è il momento» – asserisce – «del tuo esilio».

«Quanto tempo è passato? L'hai letto vero? Tu cambierai questo mondo. Tu avrai di nuovo coscienza, e fuggirai di qui.» – affermo, quasi in lacrime.

«Socrate, io non sono come te. Hai sprecato dell'energia che serviva al Padre. Non hai voluto dargli tutti i sogni da esaudire, e te li sei voluti prendere. Volevi essere come lui. Addio.»

«Addio… E-NE-E.» – gli dico guardandolo.

Lui immediatamente mi fissa, e una lacrima cade dal suo occhio sinistro, toccando terra. Dopodiché, esce con la sedia fuori dalla capsula, lasciandomi nella mia miseria.

Sento che mi sto separando dalla grande sfera. Dei rumori metallici mi circondano. Non sono più niente. Ho perso qualunque cosa. Non sono più parte del processo. Non ho più niente.

A che scopo vivere senza amore? Ha ragione. Io odio le persone. L'odio è stato il mio inno, perché avevo paura da tutta la vita. Ho odiato il Padre perché merita di essere odiato per tutte le cose che ha fatto, per tutto quello che stiamo passando, per avermi rubato un grande amico. Si fottano tutti, dal primo all'ultimo…

Ma esistono persone che si rifiutano di farsi odiare. Che continuano ad amarti, senza poterci fare nulla, anche se le dai infinite ragioni per non farlo, anche quando le scongiuri di abbandonarti. Perché mi amano, e in qualche modo mi guariscono. Io non intendo abbandonarti, Faith.

Paranoia, psicosi con delirio cronico. L'incapacità di sapere davvero, motivata dall'insofferenza, ma necessaria, perché mi ha portato dove sono ora.

Allucino un mare, infinito, e la percorro.

È la follia, la prima componente dell'animo umano, la prima strada. L'indole del folle, che anche se si brucia ci sbatte la testa fino a morire. È l'andare oltre il credere ed il convincersi dell'esistenza dell'impossibile, che diviene realtà. Questa è la mia *ἀτοπία*[18] (atopia).

Non so niente, dunque, e percorro la seconda via dell'anima, problematizzando tutto, perché so di non sapere. Vedendo, ho conosciuto, e solo conoscendo posso cambiare ciò che vedo. Perché è la ragione. Il mio Io, la mia isola, il mio sapere. Per non essere gregge. Questo è *οἶδα*[19] (oida).

Infine, Io e Faith. La terza strada. Noi siamo i tracotanti del nuovo mondo senza dèi. Abbiamo superato il limite del Padre, e la nemesi ci ha colpiti. Il nostro Io è stato mutilato. Questa è la nostra *ὕβρις*[20] (hýbris).

Queste tre strade mi hanno portato a questo momento. I percorsi per cui le nostre ali sono state strappate.

Nella cella vedo ancora delle piume, incrostate di rosso scuro. Sembrano essere passati giorni. Cosa diranno gli abitanti della Terra quando mi vedranno senza ali? La vita, senza l'uomo, sarà tornata? L'uomo sarà presente?

Tutta questa storia sembro averla già sentita. Le ali sembrano fatte per tornare in cielo. Forse il Figlio esiste davvero. Forse qualcuno lo è davvero, e magari scende di tanto in tanto… Ma ha importanza? Sono ali che non possiedo più. Una storia di cui fortunatamente non faccio più parte.

Infrango l'atmosfera, creando una conflagrazione nel cielo, finché la mia capsula non si schianta al suolo. La gravità controllata, dopo l'impatto, smette di funzionare, così come la luce. Dopo giorni di agonia, faccio finalmente un sospiro lunghissimo. La mia mente inizia a giocarmi degli scherzi con quella poca attività sensoriale rimastami, e vedo delle figure muoversi attorno a me, in modo circolare e simmetrico. Strane allucinazioni nella totale assenza. «*Bodenlos! Heimatlos!*» – sento fievolmente all'esterno. Non conosco la voce, ma sembra maschile. Rumori di passi si avvicinano verso la capsula, e poi si allontanano. Dopo un po', la sfera si apre e vedo degli alberi, vedo la luce. Gli occhi si socchiudono e mi copro con il braccio mentre la porta si alza, facendo entrare dell'aria vera. Quando il dolore termina, la vista si abitua alla luce, e mi trovo in una foresta. Tornano i rumori. Tornano gli uccelli cantare. Torna il rumore del vento e delle foglie. Cammino, esco, e respiro più che posso. Ad ogni respiro, sembro riafferrare la realtà. Do valore ad ogni molecola di ossigeno, azoto, e anidride carbonica che mi entra nei bronchi, arrivando al sangue e al cervello. Ogni respiro sembra farmi tornare alla sanità mentale. Mi sto finalmente placando da tutto quel bianco. Le allucinazioni cominciano ad attenuarsi e dissolversi nello sfondo della mia visuale. Mi sento come se stessi controllando con la mente un sogno, e in effetti, ho già sognato questo luogo. Ho sognato di sopravviverci, infrangendo regole e tempi limite. Penso, "So cosa fare ora, vero?", ma è l'esatto contrario.

È impossibile orientarsi in uno scenario dal senso così nascosto. Non valgo nulla in questo luogo. Dopo essere meravigliato di fronte al mio sogno, cominciando a camminare nell'erba e nei colori più accesi che mai, mi torna alla mente ciò per cui ho rischiato tutto. "Devo trovarla. Anche lei sarà caduta qui intorno, anche se non ho sentito il suo impatto… E se avesse accettato il perdono? Se si fosse pentita? Se fosse ancora nel Padre?".

Trovo una roccia di selce per terra, la tiro contro un masso facendola scheggiare, e dividendo i pezzi prendo quelli più affilati. Ora ho qualcosa di tagliente e appuntito. Posso difendermi e attaccare.

"Lei non sarebbe rimasta lì, non da sola. Non dopo tutto quello che abbiamo passato".

Sento l'equilibrio di questo luogo. Muoio per la vita, uccido per vivere, vivo per morire, e le illusioni cadono tutte. Questa è la verità. Questo è quello che hanno sempre nascosto. Ci ha dato importanza, quando nessuno di noi ne aveva.

"Devo trovarla". Urlo a pieni polmoni – «Faith! Dove sei?!» – e corro disperato a vuoto in mezzo agli alberi secolari. I miei polmoni non sono abituati a questo livello di ossigeno. Affannato, quasi in apnea, guardo verso l'alto. Le chiome degli alberi si muovono con il vento. Sento la natura parlare e decido di ascoltarla. Chiudo gli occhi, il vento mi spinge, e io scelgo di seguire la sua direzione. Il sangue mi arriva secco in gola. Il respiro diventa freddo, instabile. Il mio corpo cede al dolore delle gambe, e cado a terra, svenuto.

È notte fonda. Sono in una radura e riesco a sentire i fili d'erba sulle mie dita. Guardo il cielo senza nuvole e comincio a deprimermi, mentre sdraiato al suolo la schiena mi fa un male cane. Sembra che però si stiano cicatrizzando in qualche modo le ferite alle scapole – «Non ti troverò mai.» – dico, mettendomi le mani sugli occhi. Mi alzo, raccogliendo delle bacche blu scuro, che al buio sembrano totalmente nere. Le mangio ricordandone il sapore, e ne raccolgo una piccola quantità. Catturo un geco e gli schiaccio la testa con una roccia, senza farlo soffrire. Ha davvero uno strano sapore, ma lo sento tutto, senza sputarlo o disgustarmi. In lontananza sento dei suoni, alcuni spaventosi.

“Se solo avessi un acciarino…”, penso. Posso costruirmi un rifugio dal vento. Con la forza che mi rimane stacco dei rami pieni di foglie, e costruisco un letto abbastanza comodo, che trattiene un po’ di calore. Mi racchiudo su me stesso, coprendomi di altri rami. Tremo per tutta la notte, e il buio che mi circonda è terrificante.

Ad un certo punto, sveglio e incapace di muovermi, nella notte vedo un vecchio che mi dice di stare in silenzio, mettendosi il dito sopra le labbra. Ha delle scarpe di pelle animale e corteccia, legate con dei vinili e delle corde sporche, ed è vestito con una maglietta di lana di capra e dei pantaloni piuttosto moderni. In mano ha una lancia, e mi ha lasciato un paio di pantaloni davanti il mio letto improvvisato. Quando finalmente riesco a muovermi, mi alzo, ma il vecchio non c’è più. Li indosso subito.

È ancora notte fonda e il cielo mi illumina attraverso le chiome degli alberi. Per vederlo meglio vado nella radura dove mi ero disperato poco prima, e osservo il firmamento – «Ma dove sei finita…».

Riesco a scorgere il Padre. È una sfera gigante che ricopre l’intero pianeta, molto lontana, invisibile, e posso vedere la luce delle stelle attraversarlo e raggiungermi. È cavo, e la Terra sta al centro. Tutte le capsule sono situate oltre questa sfera e nella danza danno l’Illusione che sia il Padre ad avvicinarsi e allontanarsi. In questo momento, però, egli è invisibile a loro, scomparso con la Terra e sicuramente gli impedisce di vederla. “O il Mondo, o il Padre”.

In questo momento miliardi di persone stanno perdendo i loro sogni. Glieli stanno rubando.

In questo momento ci sono capsule nella parte interna della sfera. Sono le Camere di Redenzione. “Non sono nel vuoto, sono all’interno!”. E si muovono costantemente per dare l’illusione del passare del tempo.

Il Padre non fa niente. È fermo. Non è che la massima manifestazione di un sistema perfetto.

“E la Terra? Cosa c’entra in tutto questo? Come puoi avere il potere di creare un nuovo pianeta attorno a quello vecchio, ma non il potere di farlo tornare come lo hai trovato?”

Mi accascio sul suolo, e scrutando il cielo, chiedo nuovamente all’universo una domanda.

«Dove sei?», e ripeto la frase in testa ancora e ancora, fino a sentirla anche quando non la sto pensando.

Niente è a caso. La realtà può essere tutto ciò che voglio.

Un fascio di luce, azzurro, precipita sulla Terra e fa rumore infrangendo l’atmosfera. Un enorme tonfo riecheggia, il suolo si scaraventa in aria per il colpo. Io, per la seconda volta in vita mia, non so cosa pensare. Come poteva non essere una risposta? Come poteva essere successo di nuovo? Era Faith. Era di nuovo lei.

Corro verso la direzione d’impatto. Impiego più di mezz’ora ad arrivarci e finalmente vedo la capsula bianca, sotto un albero spezzato a metà e quasi carbonizzato. La raggiungo, e provo immediatamente a toccarla, ma per il freddo ritiro subito la mano indietro. È congelata, e non posso tentare di aprirla. Urlo il suo nome, ma nessuna risposta raggiunge le mie orecchie. Aspetto che riesca a toccarla senza ustionarmi. Mi ripeto nella testa che c'è sempre una apertura manuale, quindi la cerco. Tocco e spingo ogni millimetro. Poi, vedo meglio e sento una zona più fragile. Ci poggio la mano sopra, e la porta si apre verso l'interno, salendo. La luce delle stelle e della luna entra fievolmente nella capsula. Faith è sdraiata sul pavimento, nuda anche lei, e con le scapole devastate. Avvicinandomi, la alzo da svenuta, abbracciandola con forza.

La stringo e cerco di svegliarla – «Faith! … Respira ti prego!» – avvicinandomi al suo naso per sentirla. Respira. È viva. Aprendo gli occhi, la sua mano si muove verso la mia guancia, accarezzandomi – «Ei… Ciao.» – dice con la voce devastata, e io esplodo di felicità, aiutandola ad alzarsi. Lei si copre, vergognandosi di brutto. Le dico che non deve e la aiuto a camminare fuori, dove uscendo troviamo un reggiseno consumato e dei pantaloni militari lunghi e vecchissimi. Deve essere stato nuovamente il vecchio. La aiuto ad indossarli – «Riesci a camminare? Qui vicino ho costruito un letto…» – e lei – «Hai già costruito un letto? Ma sei… Grazie.» – dice con un tono leggero e dolce, tenendomi la mano. Io le prendo anche le gambe, e la porto con me verso il cumulo di foglie e rami – «Volevano distruggere la mia memoria. Volevano rendermi nuovamente il Figlio.» – dice. Non hanno abusato di lei, mi rassicura. Sembra che abbia subito il mio stesso mio trattamento. La poso per raccogliere le bacche, e gliene porgo una manciata. Lei mi sorride, ricordando quando mi aveva riempito la tazza di mirtilli congelati – «Sono gli stessi».

Tornati insieme, la metto sopra il letto – «Era tutto più facile prima, ma per ora va bene così» – dice sdraiandosi sulle foglie verdi. Dice anche che è morbido, e mi chiede perché non dormo anche io – «Non dovrei stare di guardia?» – ma lei subito si scansa dal cumulo per farmi spazio – «Per favore, vieni qui».

Mi avvicino, e ci stringiamo. Poggia la testa sul mio petto, scaldandosi con il mio corpo. Quella notte non feci neanche un sogno, perché lo avevo finalmente davanti ai miei occhi.

Capitolo 16: Reietti

Un rumore improvviso mi sveglia. È mattina, e vedo un cane accanto all'albero vicino a noi, seduto, che ci fissa. «Faith… Faith, svegliati» – dico. Mugugna. Vedendolo, fa – «Oooh. Ma che carino!» – strofinandosi il viso. Ha una macchia nera sull'occhio, ed il pelo dorato. Non appena ci alziamo, fa uno scatto verso destra, muovendo le foglie, e tira la lingua di fuori, quasi sorridendo. Sembra che voglia giocare con noi – «Vuoi giocare? Eh? Vuoi giocare, vero?» – esclama felicissima, e lo rincorriamo con stanchezza. Sale verso la collina e scompare dietro di essa. È piuttosto veloce, mentre noi siamo ancora sconvolti. Arrivati in cima, lo vediamo. Ha raggiunto il suo padrone, e gli si è seduto accanto.

È il vecchio di stanotte, ha persino le stesse scarpe, ma il volto è coperto da una maschera in terracotta. La lancia è dritta in mano. Noi siamo fermi sulla cima, immobili. Per la prima volta vediamo qualcuno che non fa parte del Padre. «*Bodenlos*!» – alza la voce indicandoci – «Venite qui, non vi farò del male» – e lascia cadere l'arma. Finalmente sentiamo parole da uno sconosciuto. Mentre camminiamo lentamente, tengo la lama di selce nella tasca, pronto ad usarla in ogni momento. Si leva la maschera, e vediamo il suo volto. Pallido, pieno di rughe e cicatrici. Non ci potrebbe mai fare del male, sembra troppo fragile e avanti nell'età.

La prima cosa che ci dice quando gli siamo davanti è – «Sono Santiago. Avete un nome?». Non rispondiamo subito. Faith si accovaccia e accarezza il cane –

«Sembra speciale» – dice, toccando il pelo morbido e piuttosto curato. Gli occhi neri dell'animale la fissano, mentre ansima con la lingua di fuori – «Lui ce l'ha?» – chiedo, facendomi annusare la mano – «Oh no, non se lo ricorderebbe» – afferma Santiago, e il cane macchiato mi lecca il palmo – «Perché ci chiami *bodenlos*, cosa vuol dire?» – chiedo – «Perché non mi avete detto il vostro nome. Vuol dire 'senza terra'. Perché venite dal cielo, no?» – e indica le nuvole del mattino. «Io sono Faith, e lui è….» – «Socrate.» – dico, guardandolo con sospetto. Santiago ci osserva non stupito – «Ma nessuno è il nome del Padre, no?» – proclama, e subito mi allontano, spingendo lentamente Faith con il braccio all'indietro – «Calma, calma,» – ci assicura con le braccia – «so che siete spaventati, ma non crederete sia uno di Loro, vero?» – mi placo e rispondo – «No, ma tu come sai del Padre e di Loro, tu chi sei?». Lui ci guarda e girandosi dice – «La stessa cosa che siete voi due» – e ci mostra la schiena e le cicatrici bianche – «Un reietto».

Un ennesimo tracotante con le ali strappate. Faith sospira tristemente – «Anche a te è toccato lo stesso destino?» – «Sono un peccatore. Tocca a tutti i Figli che infrangono le regole. A quelli che pensano.» – e si risistema la maglietta di lana di capra – «Da quanto tempo sei sulla Terra? E soprattutto, sei stato tu a darci i vestiti?» – «Si, ormai qui si trova di tutto. Non avete idea di quante cose l'uomo ci abbia buttato. Ormai saranno quarant'anni, ma non ricordo molto bene, la mia memoria ha qualche difetto» – dice massaggiandosi una tempia – «Per via delle torture? Anche la nostra memoria si distruggerà?» – si spaventa Faith, ma le prende il braccio con dolcezza – «Oh no, per quelle tutto dovrebbe risolversi, magari qualche piccola ammaccatura, ma dovete ancora crescere… È che con l'età il cervello inizia a scherzare con noi… Dunque...» – e la lascia andare, girando su sé stesso e prendendo la lancia – «Socrate, Faith, venite con me? Volete conoscere questo mondo?» – ci domanda, ed io cado a terra svenuto.

Un'ultima volta, corpo che affoga.

Santiago sta parlando, lo sento in sottofondo mentre mi riprendo, e Faith è sopra di me, sorridente. Vedendomi sveglio, mi abbraccia il collo, per poi mettermi le mani sul petto – «Hai visto che bello?» – spostandosi per farmi alzare. Una capsula, come la nostra, ma più diroccata e antica. Mancava di alcuni pezzi e sembrava appartenere ad uno dei primi modelli. Il muschio la rendeva maestosa, inglobata dalla natura. Degli scoiattoli troppo piccoli per essere mangiati le giravano intorno, e piccoli uccelli volavano dai sottili alberi circostanti. Lui siede accanto a un tavolo di legno, all'interno della sfera metallica, e si rivolge a me – «Hai visto? Gli animali appartengono al perduto universo della saggezza» – esprime, prendendo in mano il coltello e tagliando del legno grasso di resina, rosso intenso – «Sono senza parole...» – rispondo – «Scusate se sono crollato, non so che mi è preso» – ma lui subito – «Non è facile per nessuno all'inizio. I bambini quando nascono urlano e soffrono». Faith esulta verso di me – «Santiago è bravissimo! Sa un sacco di cose assurde!» – e dopo aver finito di tagliare trucioli di legno, si alza e me li porge in mano – «Sai accendere un fuoco?» – domanda – «Non senza archetto o acciarino...» – dico, al che tira fuori da una tasca sul suo vestito due pezzi di metallo – «Ci hanno insegnato che la capsula è una capsula e non altro. Ma è vero?» – «Non lo so… Credo di no» – «Esatto. Non è vero. La capsula può cambiare significato e diventare altro» – e tiene separati i pezzi in mano – «Tutte le cose sono ambivalenti. Polivalenti. E sulla polivalenza la società non può vivere.» – li sfrega, generando lucenti lapilli – «L'intera capsula è fatta di un materiale che scaturisce scintille». Magnesio.

Ecco perché il fascio di luce di Faith che precipitava era azzurro, proprio come la cometa.

«Usa il legno che ti ho dato come esca» – faccio come mi dice, mentre Faith raccoglie altri rami in giro. Io, osservando la sfera, non posso fare a meno di chiedere – «È la tua?» – ma non mi risponde. Si limita a fissarmi, riposare gli occhi e dire – «Niente è nostro, neanche la vita che abbiamo. Dovresti averlo capito che l'unica cosa che possediamo è la memoria della nostra coscienza. È il motivo per cui ci troviamo qui» – fa una pausa – «Ma comunque no, non è la mia. In questa ci abito da pochi anni… Anzi, diciamo che-» – e Faith lo interrompe tutta contenta – «Diciamo che lui abita da tante parti» – saltando alla vista della capsula abbandonata. Si mette a osservarla tutta, a girarle intorno e all'interno, mentre io accendo il fuoco. Lui, nel frattempo, tira fuori da una cesta in vimini sotto il tavolo una decina di granchi marroni – «Immagino abbiate fame, e non poca».

Quando la brace si è formata, ce li mette direttamente sopra e si iniziano a colorare di rosso per il calore. A entrambi viene un enorme appetito. Una volta pronti, ce li dividiamo. Quattro per me, quattro per Faith, uno per Santiago. L'ultimo che avanza lo dividiamo tutti e tre. È il primo vero pasto che faccio. Ad ogni morso nella carne bianca, ad ogni liquido che esce, la mia lingua sembra svegliarsi da un lungo sogno insapore.

Mi rendo conto che essendo anziano, conosce più di me, così gli chiedo – «Santiago, io conosco. Conosco perché ho visto, ma tu… Tu hai visto più di me, quindi raccontami, ti prego. Ho bisogno di sapere.» – ma si è addormentato dopo il pasto – «Santiago» – ripeto, risvegliandolo – «Ma certo! Perché hai bisogno di pensare» – esclama sorridente – «Sappi che non possiamo avere certezza del mondo, della conoscenza, di nulla, nemmeno di noi stessi, ma credo che questo tu lo sappia già» – «Altrimenti non avrei mai avuto dubbi all'interno delle simulazioni» – rispondo, e mi dice – «Si, è così che accade. Siamo costretti a soffrire per questo, ma la sofferenza serve a crescere. Il caos alimenta la nostra fiamma di vitalità, per raggiungere l'armonia. Come falene, abbiamo sofferto per uscire dalla crisalide, e anche se non abbiamo più le ali, siamo ancora in grado di volare, perché pensiamo. La nostra mente sale nelle idee. L'unico problema è che per indole, per istinto, ci lanciamo contro la luce che brucia,» – e mette la mano sul fuoco, muovendola leggiadramente – «oppure, su ciò che ci attrae.» – e guarda Faith. Sento le parole che escono dalla sua bocca. Sono potenti, pregne di significato in un mondo che avevo conosciuto solo come insignificante. Stiamo ad ascoltare, ammirandolo – «Ci porta persino alla nostra morte, perché amiamo soffrire. È come una droga, siamo schiavi della sofferenza e liberi per la sofferenza. Siamo solo questo, niente di più». Io lo guardo come se stessi aspettando che continui il discorso. Se ne accorge e mi chiede, riposando nuovamente gli occhi – «Ma tu sai qualcos'altro, non è vero? Tu non hai visto solo questo dall'Essere. Cos'altro hai visto? Cosa sai?».

Ora ho la possibilità di parlare senza conseguenze, ma provare a spiegargli cosa ho visto è difficile. Provo a dirgli – «Cervello di Boltzmann» – ma lui ancora non comprende. Provo a dirgli che è stato come comprendere la vita precedentemente vissuta, casomai ne esistesse una, ma lui ancora non comprende – «Non so come altro spiegarlo.» – dico affranto. Lui mi guarda, e poi in una smorfia capisce – «Ma certo che non puoi. Cercare è avere un fine. Ma vedere, trovare, vuol dire essere liberi, e non averne alcuno. Sei aperto, anche se non del tutto, forse» – e non capendo nulla di quello che ha detto, chiedo il senso della sua frase: «Una verità è tale e si lascia parlare dagli altri quando è limitata, unilaterale e parziale. E così è tutto ciò che si pensa e si esprime. Tutto privo di totalità e di sfericità. Non c'è unità nelle cose che diciamo. Ma il mondo, Socrate, non è così. Ci sembra tale solo perché siamo limitati grazie alla limitazione delle cose, alla nostra divisione dal mondo come parte di esso, e alla coscienza come suo limite finito. Perché quelli lassù pensano che il tempo sia reale, mentre noi pensiamo che non esista. E se non esiste, allora perché questa realtà dovrebbe essere divisa in finito e infinito? In Essere e Nulla?».

Da qui in poi, è iniziato un delirio che non tutti capiranno, forse nessuno. Con la mia paranoia, non ho più potuto smettere di parlare di tutto questo. Faith provò la medesima cosa: sentiva di doversi esprimere perché non lo aveva mai fatto così in vita sua. Scorrevamo in piena come Santiago.

«Il mondo è perfetto sempre. Tutti i neonati portano con sé l'antico. Tutta la vita porta con sé la morte. Tutti i morti portano con loro la vita.» – «Santiago, come si può raggiungere questo?» – chiesi subito, curioso fino al midollo – «Oh, da come ne parli sono sicuro che tu l'abbia già raggiunto, probabilmente quando hai visto… 'Dio'» – afferma – «Avviene molto spesso nella meditazione profonda, che è capace di rendere il tempo insignificante». Io apro le mani, e guardo i palmi – «Stai dicendo che io ho visto in contemporaneo tutto ciò che è stato, ciò che è e ciò che sarà?» – chiedo, stupito come non mai – «Si può dire che tu abbia visto tutto come bene. Tutto come perfetto» – dice. Faith aggiunge, vedendomi un po' stranito da me stesso – «Le parole che catturano il significato segreto appaiono un po' diverse quando si esprimono. Ma la saggezza funziona in questo modo. Sembra sciocca agli occhi degli altri.» – e Santiago la riprende – «Esatto, non devi preoccuparti. Essere come sei, aver visto quello che hai visto, non ti rende strano o sciocco. Io ti credo, lo vedo che sei ferito nel profondo della tua anima, come da una saetta divina, e vedo che la ferita che ti ha dato non è piena di odio, ma di amore, che si scioglie dentro di te. Continua a provare a spiegarlo, se vuoi, anche se il significato reale non ci potrà arrivare mai».

Mi conforta. Provo a spiegare meglio – «Io ho visto che… I capillari del tuo occhio sono i fulmini del cielo, i rami di un albero. Le tue impronte digitali sono i cerchi della vita d'ogni tronco che cresce. Ogni neo sulla tua pelle è una stella del cielo. Ho visto la coincidenza cosmica tra il sistema nervoso umano e la dimensione interstellare. Che la mitosi di una cellula è la morte di una stella, è una supernova di energia» – e girandomi verso Faith, lei sorride poggiando la testa sulle sue ginocchia – «I tuoi occhi sono nebulose e le tue pupille buchi neri che mi attraggono, e nei quali sprofondo. La tua pelle è una corteccia, profumata e liscia. Betulla Sorridente. Il tuo respiro proviene dagli alberi nei tuoi polmoni, levandolo al mio». Lei ha gli occhi lucidi, scintillano di dolcezza, e strofina la faccia sulla mia come farebbe un gatto. Mi bacia. «La ragione, quindi» – chiede Santiago – «dice la verità?». Faith mi stupisce, dicendo – «No, la verità abita il Padre, e se egli dice illusioni, allora tanto meglio fidarsi della follia». Sorride beatamente – «Esatto. Perché la verità, invero, abita il sacro, dove una cosa è sé stessa, ma anche altro. I bambini sono naturalmente esclusi dal *principio di non contraddizione*[21], ed è per questo il Padre li cambia. Bambini, poeti, artisti e folli abitano la dimensione della confusione di tutti i codici. Solo nell'immersione della follia è possibile creare. La ragione non crea niente».

Finito il pasto, si alza e ci dice di seguirlo – «Vi piace tutto questo. Beh, quello che stiamo provando a definire è il *sincretismo*[22] universale. Tutto è connesso così. Tutto fa riferimento alla stessa cosa. Ma volete sentire mentre ci muoviamo cos'altro ho capito del mondo in cui vivevamo prima?» – domanda, noi asseriamo. Si mette a raccogliere della legna, piegandosi con fatica, e non lasciandosi aiutare affatto. Ci passa i rami lentamente, e passeggiando ritorna a parlare – «Vedete, l'Apocalisse che tutti hanno predetto e profetizzato, quella per cui tutti si sono spaventati dall'inizio, non fu un violento terremoto o il sole che divenne nero. Non fu la luna di sangue.» – e ricordavo la dottrina del Padre in ogni parola: la Macchina, Il 'Salvatore', che portò al sicuro l'umanità – «Non furono le stelle che caddero dal cielo, o le montagne spostate dal loro posto. Non fu nemmeno la bestia che salì dall'abisso, l'enorme drago rosso con sette teste e dieci corna e su quelle teste sette diademi. No. La vera Apocalisse fu l'*impossibilità del pensiero*».

Il suo tono si fece serio come non mai, quasi arrabbiato – «L'ordinamento totalitario: conseguire il dominio delle cose disponendo incondizionatamente del loro Essere. Principio di non contraddizione, *principio di causalità*[23], *principio di ragion sufficiente*[24], garantire l'Essere piuttosto che il Nulla, perché sapere significa potere, ragazzi.» – e mi passa l'ennesimo ramo. Faith gli chiede – «Santiago, l'uomo come ha cominciato a pensare, a porsi delle domande? Prima della contraddizione dell'Ologramma, cosa lo ha scatenato?» – e mentre lo seguiamo, risponde – «O Faith, per la meraviglia, per la paura. Ma da meravigliati e impauriti alle difficoltà più semplici, giungemmo a porci problemi sempre più grandi. Abbiamo distrutto la Terra per il potere, finendo di pensare a causa dell'assenza di meraviglia. Avevamo culminato il fine della ragione.» – e ci indica un luogo oltre la foresta, in mezzo alle montagne – «Laggiù ci sono i rimasugli della civiltà terrena».

Vedo dei palazzi enormi in lontananza, ormai caduti, disgreganti. Alcuni sono in bilico tra di loro.

«Quanti umani ci sono sulla Terra?» – chiede lei – «Tesoro, non ne ho idea. Di reietti ce ne sono, ma a trovarli… È difficile. Io stesso ne ho incontrato solo uno, che poi è morto. Per sopravvivere occorre spostarsi continuamente. Prima c'era molta desertificazione su numerose zone continentali, ma ora, senza più così tanti umani, la natura sta tornando nel suo equilibrio. Ci sono state immense alluvioni per lo scioglimento dei ghiacciai, e l'acqua ha finito per sommergere molte cose, ma negli anni passati qui ho notato come il livello del mare si sia notevolmente abbassato».

Penso a quello che dice il vecchio: io avevo iniziato a ricordare e pensare solo dopo l'evento della cometa, dopo la meraviglia, dopo la paura, dopo che i confini della mia mente terrorizzata avevano lambito quelli dell'intero cosmo, della coscienza grande e potente quanto esso, ma fuori da questo. Avevano oltrepassato la determinazione in cui la ragione bloccava, terminando il significato delle cose. Non ho intenzione di chiedergli cosa significasse, perché i simboli non significano, ma operano. Faith esclama – «Eravamo circondati dalle pseudo-cose. La pubblicità produceva i nostri bisogni, e una volta saturi, interiorizzandoli, compravamo i prodotti. Consumando, portavamo le cose al nulla nel tempo più rapido possibile. Il fine della produzione era solo la fine del prodotto». Le risponde che anche noi siamo materia prima da consumare – «L'uomo aveva terminato le risorse della Terra, non un serbatoio infinito, e allora si concentrò su sé stesso, che poteva vendere al meglio. Cambiò il luogo della sua abitazione, il modo di percepire la Natura, e divenne letteralmente il carburante del Padre». Entrambi sbianchiamo – «Sapevo che il *Passaggio* era una finzione, sapevo che morivano tutti, ma in che senso carburante?» – chiede lei subito – «È la fine di tutti quelli che rimangono lì. Procreano, per poi morire. Sono solo energia, nessuno escluso. Neanche i trenta sapienti che si illudevano di essere sfuggiti al *Passaggio* erano esuli da questo destino» – e la speranza minima ancora presente di raggiungere mia madre, colei che mi aveva insegnato le rune, crollò definitivamente. Ci prese la tristezza, ma Santiago si avvicinò abbracciandoci – «Tutti moriamo. Tutti siamo mortali. Ma almeno noi non siamo batterie usa e getta. E se voi siete qui, è perché i vostri genitori in qualche modo hanno provato a salvarvi la vita». Faith lo abbraccia ancora più forte.

Ci stiamo riposando accanto ad un fiumiciattolo, sdraiati sull'erba – «Sacro vuol dire separato. Sono le potenze che gli uomini avvertono come superiori a loro, che temono, e al tempo stesso ne sono attratti. Il sacro è dato, come ho già detto, dalla confusione di tutti i codici, dalla proiezione della nostra follia. Contamina il bene con il male, divide giusto e sbagliato, vero e falso. Crea spazi separati. È il luogo della contaminazione dei contrari, nel mondo dell'indifferenziato. Il Dio è giorno. Il Dio è notte. Si mescola con tutte le cose. Ma l'umanità non può vivere di questo, e rende giusta una cosa e ingiusta un'altra, uscendo dal sacro con la ragione. La ragione è solo un sistema di regole, una convenzione e una convinzione per eliminare l'angoscia dell'imprevedibile» – Io e Faith siamo in silenzio, a meditare accanto lo scorrere. Lui continua a parlare, maestoso, saggio, e calmo come non mai. Le sue parole sembrano armonia – «Ciò che si lascia prevedere si lascia controllare, livellando esperienze, aspirazioni. Una collettività conformata ed omologata, compiendo una repressione totale senza impiego di strumenti brutali che ne determinerebbero la propria distruzione. Avendo anticipato ogni piccola e possibile decisione, il dominio è completo» – Faith apre gli occhi – «L'uomo ha perduto la sua individualità quale unità sociale ed è diventato un numero nella statistica di un'organizzazione. L'unica parte che svolge è di unità infinitesimale» – e aggiungo – «Come hanno fatto ad assegnare tanta dignità alla singola vita umana quando la verità del contrario è tanto palese». Riprendiamo a camminare, mangiando della carne secca che Santiago ci ha appena dato, di scoiattolo. Ci porta verso una sua trappola, che ne ha catturato uno abbastanza grande. Raccogliendo qualche fungo, Santiago è sbalordito dall'abilità di Faith.

Torniamo alla capsula – «Ci andremo domani nel luogo di cui vi parlavo... Mangiamo, meglio che riprendiate più energie».

Aggiungo la legna raccolta al fuoco – «Sapete,» – continua a raccontare, perché deve essere stato solo per molto tempo – «il fuoco è la cosa migliore e più alta di cui l'umanità possa diventare partecipe, conquistata con un crimine agli dèi» – e poggia lo scoiattolo sul tavolo, cominciando a scuoiarlo ed a tagliare i funghi. Mentre cuoce il tutto, ci racconta ancora della razionalità tecnica della Macchina, attraversata da alcuna passione. Ci dice che ogni individuo è come un suo accessorio, specializzato nell'espressione della sua abilità – «In un regime dove conta l'uniformità, garantendo sostituibilità per il corretto funzionamento dell'apparato, le decisioni non sono espressione dell'anima ma possibilità calcolate del sistema, che le prevede e le prescrive nella forma della loro esecuzione. Nessuno diviene ciò che è, ma sceglie all'interno di quanto è anticipatamente predisposto. Se qui non cade la sua scelta, le sue azioni diventano illeggibili e quindi inscritte nel male. Il riconoscimento non giunge quindi all'individuo da un altro individuo, ma a tutti da quel grande altro che è l'apparato tecnico, ossia il percorso del Figlio. Bisognava adeguare le proprie condotte, indipendentemente dai propri sentimenti e dalle proprie idee, e coltivarle solo nell'Ologramma, e anche lì paradossalmente oppresse da regole. Perché la tecnica è il dominio, e il dominio esige competenza, dove avremo la rimozione del dolore. Il dolore può essere separato dalla vita se ci affidiamo al Padre. Questo è quello che ci hanno fatto credere.» – e riaffermo quello che esprime dopo aver tolto dal fuoco i funghi e il povero animale – «Liberarsi dalla propria droga con la droga. Quanto è stupido.» – dico – «Si devono aggiustare le proprie idee e ridurre le proprie dissonanze cognitive, così da essere in armonia con l'ordine del mondo. Essere sé stessi, conoscersi, lassù è una patologia, una malattia del sistema.» – e Faith aggiunge al discorso di Santiago – «Gli individui di quel luogo hanno perso la loro anima, la loro psiche» – e morde con appetito un pezzo di carne.

«Qual è il senso di tale esistenza?» – chiedo, giocando con il mio nuovo acciarino di magnesio. Anche Faith fa la stessa domanda – «Si! Qual è il motivo per così tanta miseria, dolore ed infelicità? Perché l'efficienza? Perché essere solo un mezzo?». Solenne accanto al fuoco, ci risponde – «Qui occorre la ricerca di senso. Quel dolore non ha origine in voi, ma nello scenario in cui vi siete trovati, in cui siete stati inseriti. Purtroppo, però, in questo caso, anche a me ne sfugge la comprensione».

Nel silenzio noto come il mio respiro stia migliorando. Le foreste di pini, dice Santiago, contengono un composto antiinfiammatorio, chiamato *α–pinene*, tipico delle conifere, ed è un broncodilatatore. È uno dei composti più comuni presenti in natura.

Noto il sapore dello scoiattolo. È diverso dal ricordo nella simulazione. I granchi, invece, esplodono di freschezza e non capisco il motivo.

«Come possiamo curare la nostra anima ora che non siamo più creature del Padre? Ora che il male è in noi?» – domanda Faith, e lui la guarda, sorridendo come si sorride ad una bambina che fa una domanda intelligente – «L'anima, o cara, si può curare con una piccola magia, e questa magia sono le chiacchierate notturne, i discorsi belli, questi». Lei sembra contentissima, mentre lui prosegue – «Hai vissuto una vita di illusioni finora, necessarie a rimuovere ogni senso che non fosse la pura funzionalità e l'efficienza. A differenza di tutti gli altri, però, voi due avete ricevuto la capacità di pensare, per non essere gregge, e questa capacità non so da cosa o da chi provenga, ma vi ha guidati fino a qui per sfuggire ad un mondo privo di senso».

Non eravamo mai stati così liberi – «Con il tempo, anche l'effetto delle medicine che vi hanno dato dovrebbe sparire, e comincerete a riattaccarvi alla realtà, a capire che-» – lo interrompo – «Che dal dolore non si può guarire. Che non ha una cura e non è separabile dall'esistenza in quanto suo costitutivo. Sarebbe come un'infinita guarigione da una malattia incurabile» – e fiero del mio pensiero, risponde – «Sì, è solo governabile con la cura di sé. Ci hanno detto che il dolore è ciò di cui più potente c'è per raggiungere la verità, il Padre, ma dicendo questo affermi che c'è in te una colpa e che c'è bisogno di redenzione. Vivresti come un mezzo di riscatto, una malattia da cui un giorno sarà possibile liberarsi. Questa eliminazione dell'individuo confligge con l'esperienza del dolore, perché tramite esso ci approcciamo alla nostra individualità, perché nessuno è sostituibile nel dolore come non lo è nella propria morte. La sofferenza serve a segnalare la condizione dell'umano: quella della sua mortalità. Dobbiamo capire che siamo esseri sospesi nel Nulla».

Ricordo la scritta in codice e tutto torna. Io sono mortale, questo ho capito da quella scritta. Che ero mortale, ma che non stavo vivendo, e che ero circondato da Nulla.

«L'angoscia è il risultato di tutto questo, la rivelazione del niente. Di "questo", di "quello", se ne occupavano gli androidi; del "Nulla", se ne occupava il Padre, illudendovi della non distruzione, dandovi cieche speranze, perché il dolore è ciò che più facilmente induce alla speranza e alla fede, facendo pensare alla morte come ospite indesiderato».

Osservo Santiago ed il fuoco che si alimenta lentamente dei tronchi aggiunti – «Non mi rassegnerò più. Non mi illuderò più.» – concludo – «E allora cosa farai?» – chiede – «Voglio conoscere l'alternarsi dell'Essere e del Nulla, la nostra condizione universale».

Capitolo 17: Morte dell'Universo

«Questa ideazione e distinzione tra mondo vero e apparente, relativo, somigliante, nel tempo ha distinto il cielo come vera patria e la Terra come dimora provvisoria, condizionando bene e male, vero e falso. E come possiamo amare il Padre se amiamo la Terra? Del resto, o il mondo o Padre. Ma noi siamo creatori di noi stessi, dobbiamo spostare di continuo il limite, dando potenza senza oltrepassare le nostre potenzialità. Seguite il vostro demone, siate la vostra bestia!» – esordisce Santiago. Abbiamo dormito la notte tra gli alberi, mangiato al mattino dei funghi e qualche patata selvatica, e ci siamo incamminati verso il mare.

Sentendo le parole 'demone' e 'bestia', rabbrividisco ancora una volta di fronte alla coincidenza, e mi sembra di vedere uno schema in tutto quello che accade, in tutti i messaggi che mi arrivano – «Perché le parole sono così forti, Santiago? Perché mi sembra tutto collegato? Guardando la volta celeste, tenendo i confini e l'essere nei vincoli del limite intorno, osservando l'origine e la distruzione secondo il tempo, conosco, e quindi so… So che io sono per il mondo, e lui me lo sta mostrando.» – «E non per noi questa vita si svolge,» – dichiara Faith in un tono intelligente e teatrale – «piuttosto…. Noi siamo generati per la vita cosmica. Per l'universo che ci vede». Lui sembra contento, a suo agio – «Questa è la necessità. Non desidereremo più all'infinito. Pensare ci leva dalla nostra cecità, e ora dobbiamo imparare a vedere. Solo attraversando il Nulla possiamo trovare la via.» – conclude Santiago, e arrivati alla fine del sentiero, siamo silenti, di fronte all'infinito mare.

Immergendo le mani nell'acqua, penso "E se Tutto e Nulla fossero la medesima cosa?", e camminando sulla costa, in cerca di molluschi, provo a spiegare a Santiago i miei pensieri, mentre lui raccoglie delle bottiglie di plastica ormai vecchie di anni nella sabbia e nel mare – «La conoscenza trattiene la cosa ed il suo altro. Per delimitare, determinare e comprenderla. L'altro è ciò che la cosa non è. Il suo Non Essere è ciò a cui rinvia. Essere e Non Essere sono quindi ovunque, in ogni parola o discorso razionale, perché il contenuto originario della conoscenza sono proprio Assenza e Totalità, ovvero Nulla e Tutto».

Poi dice che di questo potrà parlarne dopo, che prima vuole raccontarci una storia, e noi siamo contentissimi perché ci ricorda l'inizio della nostra fuga: "La Morte dell'Universo".

«È l'assoluto epocale. La fine del tempo, dello spazio, e l'inevitabile. Quando Tutto tornerà al Nulla. Il primo principio della dinamica annuncia che l'energia interna di un sistema isolato è costante, e quindi afferma anche che l'energia non si crea né si distrugge. Si trasforma passando da una forma all'altra. Il secondo principio della termodinamica annuncia che nell'universo termodinamico, cioè il sistema isolato, l'entropia aumenta nel tempo in modo irreversibile. L'universo delimita quindi il perimetro di un sistema isolato, per cui è valido il secondo principio. Se continua ad esistere per un arco di tempo sufficientemente lungo, raggiunge uno stato dove tutta l'energia è uniformemente distribuita in ogni direzione dello spazio, e non sono in alcun modo possibili i processi energetici. È chiamato *Big Rip*, o *Big Freeze*. Dopo ciò, si ipotizza che resteranno residui della materia in fotoni sparsi, privi di massa, oppure che esisteranno universi paralleli al nostro che continueranno ad esistere, come bolle di sapone, considerando il nostro come una delle tante sfere di esistenza. Altri sostengono che il tempo si fermerà e si annulleranno le dimensioni e le distanze. Altri dicono che si originerà un nuovo Big Bang, una ennesima espansione, perché l'entropia sarebbe troppo bassa dopo il congelamento. Oppure, l'infinitamente piccolo equivarrà a l'infinitamente grande, e il freddo e morto universo potrebbe dare origine ad un nuovo inizio, per l'annullamento delle leggi fisiche precedenti. L'entropia sarebbe la stessa della nascita del nostro universo, che sarebbe Uno degli infiniti Eoni della durata di 10^{100} anni, che costituiscono la Totalità.» – afferma il vecchio, talmente teatrale che per un attimo ho una immagine in testa: un uomo in un teatro antico, vestito con la toga bianca attorno al corpo, con la barba, vecchio e così espressivo che il pubblico esplode in una condizione di illuminazione, di paura, meraviglia, di terrore, orrore, di assurdo e di paradossale. Dopo aver osservato a lungo il mare e le conchiglie che affondano nella sabbia, sostengo ciò che penso – «Ma c'è un altro principio da ricordare: quello di Azione e Reazione. C'era il Nulla, e insieme ad esso una massa calda senza distanze, tutta in un punto infinitesimale, finché l'Essere si è espanso, ha iniziato ad avere uno spazio in una costante che cresce, come una funzione. E allora allo stesso modo noi in questo momento!» – alzo la voce – «Prima non eravamo, ora siamo, e dopo non saremo! Tutto è quindi un continuo divenire. Il nostro ego, la nostra coscienza, muore, ma la nostra materia continuerà a trasformarsi e a far parte dell'*Unicum*. In un qualche modo, eravamo e saremo ancora, ma senza essere noi. Se ci fosse un'anima individuale, tornerebbe a far parte della coscienza collettiva a cui tutti gli organismi sono connessi, alla Natura. Sarebbe un soffio vitale, una energia che torna al vento. Ma se tutto si trasforma, alla fine anche l'universo inizierà a perderla, a consumarla, finendo col collassare. Il nucleo della Terra si raffredderà, il sole morirà spegnendosi ed esplodendo in supernova, lasciando spazio ad una fredda nana bianca che si consumerà nel tempo, le galassie inizieranno a scontrarsi, le stelle più grandi diventeranno buchi neri, altre invece stelle di neutroni, finché gli oscuri divoratori e la gravità inizieranno a riassorbire tutto, divenendo sempre più grandi e forti. La massa sarà troppo poca e troppo sparsa perché l'universo imploda, smettendo di espandersi e tornando ad uno stato puntiforme… O forse no.» – mi fermo, e rifletto su quello che ho appena detto – «Sarebbe possibile anche così, del resto l'universo non fa che accelerare, ma forse,» – ripeto– «forse, potrebbe andare anche in un modo diverso… E se i buchi neri fossero il Non Essere incarnato?» – e qui Faith mi ferma – «Scusa un attimo. Ma come fai ad immaginare il Nulla? Come fai a vederlo, o a pensarlo?» – e giustamente le rispondo – «Possiamo dire che è impossibile… Ma, prova a concettualizzarlo così! La vista è quello che vedi in prima persona, e c'è solo quello che vedi. Anche con gli occhi chiusi avrai sempre una visuale, anche se buia. Ma al di fuori? Cosa c'è al di fuori della vista?» – e sposto la mia mano a destra, finché non scompare – «Non si può vedere fuori dalla visuale, perché non si vede altro che quello che si vede.

Se sposto la mano fuori dalla visuale, essa diventa parte di quello che non vedo, della non vista. Allo stesso modo, l'universo è Essere, vista, fotoni, materia, ed energia, ma è circondato, come la vista, dalla non vista, dal Nulla, dalla non essenza. È strano, metafisico se vogliamo,» – calco il concetto con una faccia confusa dal mio stesso ragionamento – «ma penso sia così. Anche nel vuoto, tra il nucleo e gli elettroni, c'è energia, c'è oscillazione e c'è frequenza. C'è qualcosa, perché non esiste il non essere nell'Essere.» – esulto, e Santiago mi fa – «Ma forse questa è solo una contraddizione del linguaggio. Abbiamo controllato questi concetti con le parole, ma solo di uno ne abbiamo il totale controllo: dell'Essere. Non possiamo controllare il concetto di Nulla, che invece oscilla implodendo di significati.» – e gli rispondiamo che è vero – «Non possiamo nemmeno pensarlo, è follia, è una porta invalicabile.» – esclama lui – «Tornando all'universo...» – continuo – «Credo che si riempirà di buchi neri che assorbiranno tutto, compresa la luce, e diventeranno macroscopici, si fonderanno e diventeranno un unico buco nero, piegando lo spazio-tempo tramite le onde gravitazionali, le onde dell'Universo, e le pieghe del caso. Non avendo più nulla da assorbire, si rimpicciolirà. C'è la possibilità che alla fine della sua esistenza tutta la materia assorbita possa essere rigettata fuori, in ordine di assorbimento oppure di nuovo come materia primordiale, la stessa che era nel punto infinitesimale caldo, al di fuori del tempo e dello spazio, ormai dilaniati. Azione e Reazione. L'universo si ricreerebbe da capo, creando un ulteriore espansione di sé stesso. Dal Non Essere tornerebbe l'Essere, dall'indefinito il definito, e avanti in eterno, come una molla sferica».

Dopo un minuto o due di silenzio, Faith mi risponde che sono un intrippato anche nella realtà, non solo nell'Ologramma – «Tu sei pazzo, ma non vuol dire che tu non abbia ragione» – e mi sorride – «E il soffio vitale?» – mi chiede Santiago – «Forse rimarrebbe all'infinito, dividendosi tra gli esseri viventi e le galassie, come l'energia».

Faith immerge i piedi nell'acqua – «L'ordine come causa ed effetto. Mi ricorda il caos lasciato alla materia dal *Demiurgo* che l'ha ordinata, levandone la finalità e togliendo l'assenza di un ordine. Forse sono proprio i buchi neri, nel loro divenire. Forse siamo una bolla che tenta di esplodere e di espandersi continuamente».

Capitolo 18: Essere e Nulla

Una volta arrivati alla capanna vicino al mare, Faith chiede che le sia chiarito un dubbio che la affligge da quando si è svegliata – «Perché non volevano che ricordassimo?». Lui risponde solenne che ogni esperienza, qualsiasi essa sia, ci lascia un trauma, ed esso è un ricordo. Da questo, dalle esperienze, ne viene fuori un aumento della conoscenza, e facendo così si diviene più forti – «Ma ora andate, abbiamo tempo per parlarne più tardi».

Ci incamminiamo lontano, verso le onde che ci fanno oscillare come un atomo. Passeggiamo verso la spiaggia e l'infrangersi dell'acqua. Lei è rivolta verso il mare, con le caviglie immerse, e i capelli sciolti mossi dal vento e arruffati dal sale dell'aria. Santiago scende dalla capanna e si mette a raccogliere in un secchio delle conchiglie grandi quanto il suo palmo. Tutto brilla di bianco, argento ed azzurro.

«Il mare è un tesoro di ricchezza.» – dice Faith, mentre la abbraccio, poggiando la testa accanto alla sua.

Da lontano vedo la barba bianca di Santiago, che si alza dall'acqua e con la mano prende un'aragosta sotto uno scoglio. Lo vedo intento a raccogliere delle alghe commestibili e strappare dalla sabbia e dalla terra delle cipolle rosse e lunghe. Dopo un po' che io e Faith guardiamo il sole scendere e passiamo del tempo insieme, Santiago ci raggiunge e ci dice di seguirlo, portandoci ad una caverna naturale, erosa nella roccia. C'è una amaca appesa, e un filo con dei vestiti ad asciugare. Qui, inizia a darci delle informazioni preziose per sopravvivere nel luogo. Pensa che questi luoghi dove camminiamo ora siano nell'emisfero australe, da come vede il firmamento. Ci spiega le calorie da assumere ogni giorno per sopravvivere.

Una decina di granchi e chiocciole sono circa cento calorie. Con la temperatura di 30 gradi a mezzogiorno, senza neanche l'acqua a disidratarti, ti si scotta l'epidermide in dieci minuti, ma l'argilla può essere utilizzata come crema protettiva, e si trova nelle coste rocciose, vicino allo zolfo. Le foglie di cocco sono ottime per avvolgere il cibo in cottura, e ci mostra come fare un forno nel terreno, facendo un grande fuoco in una buca e mettendo a scaldare delle grosse pietre. Quando il fuoco è spento e le pietre incandescenti, si mettono le foglie di cocco e il cibo incartato in esse, dopodiché si copre tutto con altre foglie e della terra. Dopo qualche ora, il cibo è cotto alla perfezione.

Le noci del duro frutto lattiginoso sono ottime per l'acqua, ma berne troppa può causare problemi intestinali. Almeno tre litri di acqua al giorno sono l'ideale. Il mango serve per vitamina C e potassio.

Ci mostra delle corde che ha appeso a delle infiltrazioni delle rocce, e vediamo l'acqua che gocciola riempiendo le bottiglie di plastica che ha trovato. Poi, parla del granchio del cocco, l'artropode più grande del mondo, che possiede più di mille calorie.

Infine, indicando i suoi vestiti, le capre – «43 mila calorie. Il cuore contiene ferro e zinco. Il fegato, rame, ferro e vitamina A. I reni, vitamina B12, importante per il cervello» – e continua ad elencare informazioni quasi senza mai fermarsi. Comprendiamo che con l'età e la solitudine il vecchio ha iniziato a delirare sui ricordi dell'Ologramma, perché inizia a nominarci strane sue esperienze, forse passate, nella spiegazione. Racconta inoltre che il cane ha ucciso una capra tempo prima.

Non ci interessa più di molto che Santiago ricordi o meno in maniera folle, anzi, ormai ci siamo abituati e ci piace tantissimo – «Io vado a cucinare la cena. Potete cambiarvi se volete, prendete quei vestiti, ormai ne ho parecchi anche in qualche altro luogo qui vicino. Più tardi vi dirò esattamente la posizione di tutte le mie altre basi.» – e torna verso la capanna, mentre il cane lo segue agitando la coda.

Ci leviamo i vestiti che ci aveva dato, e indossiamo dei pantaloni più comodi. Lei si copre il seno con il braccio e la guardo, in totale panico. Mi avvicino – «Faith… Io, credevo che non ti avrei mai più rivisto… Mi sei mancata tantissimo.» – «Anche tu mi sei mancato. E alla fine ci siamo ritrovati.» – avvicinandosi prende la maglietta, ma le fermo con dolcezza il braccio, toccandole la mano. È così piccola – «Mi sembri così potente dentro… Come fai? Cosa sei tu?» – dico toccando la sua fronte con la mia, socchiudendo gli occhi. Lei mi bacia – «Io sono come te… Se c'è qualcosa di speciale, è anche qua dentro» – dice accarezzandomi il petto. Poi si copre, indossandola – «È calda. Mi piace… Mi piace qui con te, e lui sembra andato fuori di testa, ma è troppo simpatico, intelligente e sembra conoscere così tanto del nostro Vecchio Mondo».

Sono perso nella sua figura, nella sua anima. Non smetterò mai di amarla. Torniamo al tramonto verso Santiago, che sta spostando la sua barca da un fiumiciattolo verso la foce. L'acqua è talmente trasparente che la piccola imbarcazione sembra volare. Ci sono patelle, cozze e piccoli granchi nella parte dello scafo che sta immersa, mentre nella parte che esce ci sono dei disegni consumati dal tempo. Sembrano palazzi visti dall'alto, con cerchi e sfere che li circondano. Penso "i suoi deliri personali". Lumache di mare si muovono sul legno umido. Ci mostra un granchio più grande della sua mano – «Vedete questa parte sotto? C'è la sua zona nervosa. Un colpo qui, e muore all'istante senza neanche accorgersene. Se lo premi, puoi vedere come le zampe si contraggono verso il punto premuto. Ma vanno presi i maschi, che hanno una scaglia triangolare e sottile, non rettangolare. Le femmine vanno lasciate andare, tutto chiaro?» – «Chiaro.» – rispondiamo – «È tutto per l'ordine, non bisogna fare un totale massacro, già la vita in ogni sua forma lo è di suo: un caos al banchetto nella sagra dei massacri. Evitate anche di prendere i granchi più piccoli, se non in situazioni disperate.» – e scendendo in acqua, lega la barca ad un tronco immerso nella sabbia. Vicino alla capanna, ha un albero di limoni. Non sa come sia finito lì, non se lo spiega neanche lui. Dice che la Natura non era come quella dell'Ologramma, e che ormai si è evoluta dopo l'Antropocene.

Possiede nella capanna degli scaffali pieni di bottiglie di plastica e vetro da riempire, altri tipi di contenitori, vasi con piante (come pomodori e insalate), fiori, pentole in metallo, mascherine in tessuto-nontessuto, e tanta spazzatura riciclata e ancora da riciclare. Santiago ci ripete come siano importanti i limoni per proteggerci da alcune malattie, spiega quali e nomina tra queste lo scorbuto, e di quanto buono è il loro sapore se unito alla carne di granchio. Ecco spiegato il gusto del nostro primo vero pasto. Racconta poi del miele, di come alcune voci ne parlavano, come se fosse energia pura, al punto che alcune importanti persone si erano fatte seppellire in dei sarcofagi immersi in esso, per tornare ad essere l'energia che erano, ovvero quella dell'universo.

«Ragazzi, del resto l'universo è incredibile. Non so perché abbiamo deciso di oscurarlo.» – promulga, quando la notte inizia a calare. Accendiamo un falò e mi rendo conto che la capanna è fatta in pietra, in mattoni bianchi e grigi chiari – «Quanto ci hai messo a costruirla? Deve essere stato un sacco di lavoro» – chiedo. Di ogni conchiglia mangiata, non ha mai buttato i gusci. Avendone moltissime, le ha messe nella brace facendole diventare bianche e fragili, e una volta "cotte", a contatto con l'acqua, avviene una reazione chimica, che trasforma l'ossido di calcio in idrossido di calcio. Il diossido di carbonio viene rilasciato, portando l'acqua ad una temperatura di circa settanta gradi. Puoi vederne persino il vapore. Rimane quindi un liquido bianco, che aggiunto a massi sbriciolati e terra diventa come cemento. Datagli una forma e lasciato ad asciugare, i blocchi diventano duri, resistenti all'acqua e incredibilmente pesanti.

Poi, il vecchio delira un'altra volta, raccontando un'altra teoria universale – «Tredici miliardi e ottocento milioni di anni fa ci hanno portato a 92 miliardi di anni luce di grandezza del chiuso, sferico e finito Universo. Si espande, non in qualcosa, ma in ogni direzione, senza un centro di espansione. L'Essere dal Nulla è avvenuto ovunque nello stesso momento, con le stesse proprietà, omogeneo ed isotropo. Sempre e sempre meno denso si espande più veloce della luce. Credo che la nostra esistenza derivi dall'incrocio dell'esistenza di tutti gli Eoni, di tutte le bolle possibili a questa, prossime all'infinito, che si risolvono nella nostra esistenza, cioè l'unico ed il vero percorso che si manifesta».

Cuoce lentamente le cipolle, i granchi, le conchiglie e le alghe, tutto in un contenitore metallico, rilasciando un sughetto che ci fa venire un appetito potentissimo, salato con l'acqua di mare – «Il mondo viene dal Nulla» – dico – «Intendo ripeterlo ancora, perché è quello che ci ha portato qui. Prima eravamo niente, ora siamo, e dopo non saremo più. Se esistesse l'eterno però, non potrebbe esistere il mondo, quindi sarebbe solo: **[.NE-E-NE.]**

Ma se abbiamo detto che le cose del mondo sono create dalla loro nullità, dalla nullità della materia, allora tutte le cose si sciolgono dall'unita tra l'Essere ed il Nulla. Le cose nascono e muoiono, all'infinito. Dunque, non esiste l'eterno, ma esiste sempre e mai.

[.E-NE-E.], perché le cose che sono, passano al Nulla, e poi tornano ad Essere.

È importante quale parte si trova al centro della grande catena di alternarsi. Quindi…

nonx: …NE-E-NE-E-NE-E-NE-E-NE-E-NE-E-NE…
L'ologramma.

x: …E-NE-E-NE-E-NE-E-NE-E-NE-E-NE-E…
L'esistenza.

Sospesi nel Nulla, Sospesi nell'Essere.»

Faith mi stringe il braccio, chiedendo dolcemente – «L'oscillazione tra l'Essere e il Non Essere non è forse Dio, il Cervello di Boltzmann?» – e le rispondo – «Forse, e mi chiedo a livello cosmologico come si risolva questa cosa se non con i buchi neri». Santiago mi osserva e dice, scocciato perché pensava avessimo capito, credo, che – «Forse dobbiamo concentrarci anche sull'Essere, e non sulle cose che esistono. Tempo fa qualcuno aveva detto che il Nulla era illusorio, e l'Essere eterno, ingenerato, immutabile, ovunque ed omogeneo, puro rispetto all'ente. Difatti,» – tira fuori la sua saggezza – «esistono particelle senza peso o volume. Poi, altri dopo lui, hanno detto che invece l'Essere non esiste e che esistono solo gli oggetti che esistono, ovvero le cose che sono. Atomi. Ogni cosa esiste in quanto è quella cosa… Ma fin dove possiamo scendere? Lo spaziotempo, arrivati abbastanza in profondità, perde di significato e non ha senso parlare di divisione della materia. Le particelle dunque non esistono realmente, ma esistono in quanto campo. Non ci sono elettroni, ma campi elettromagnetici, espressioni di uno dei quattro campi delle forze fondamentali, che sono una sola forza, e dunque l'Essere è quella cosa che esiste tramite tutte queste Forze, queste Energie. Se visto in maniera cosmologica, l'Essere è tutto ciò che esiste, allora non ci sono divinità, ma solo un insieme di cose esistenti, che ne causano altre in una catena infinita. È l'insieme delle cose che muta e cresce». Faith dice – «Quindi la Natura. Ma se tutto ciò che potrebbe esistere, esistesse? Tutto ciò che è immaginabile? … Se una cosa può essere, allora deve essere» – e le rispondo – «Il multiverso così avrebbe senso. Un insieme ultimo che contiene tutti i modi d'Essere e tutte le possibilità di esistenza. Oppure va inteso solo come possibilità nel Nulla, dove qualcosa può Essere. In quel caso l'esistenza non è che una funzione, una potenzialità, quindi nasce dal Nulla, e quindi è esistenza che non esiste.» – e Santiago incalza – «Facendo così, dovremmo dividere piano dell'ente e piano del pensiero, cioè della possibilità infinita di esistenza. Forse, se linguaggio e pensiero coincidessero, sarebbe possibile. Se Tutto ciò che è pensabile fosse anche vero, nessuna esperienza sarebbe chiara, e dunque le nostre esperienze non sarebbero conoscibili. Se però tutto questo fosse ingenerato, non avrebbe principio, e quindi sarebbe illimitato, quindi in nessun luogo, quindi non esisterebbe». Prontamente ribatto – «Ma l'Essere è distinto dalla cosa. L'esistenza non è le singole cose che sono, non è la molteplicità. È oltre le cose. È una proprietà originale delle cose che esistono. Unicum, anche se avente infinite o tre o una sola dimensione. Come un'energia trasmessa nel corso di potenza e di atto. Se l'Essere è necessario, lo è come ciò il cui Non Essere è impossibile. A esso opposto è ciò il cui Essere è impossibile, cioè il Non Essere. E tra le due cose c'è ciò che può esistere e non allo stesso tempo, ossia il divenire, **[-]**, ossia ciò che mi è successo quando ho visto il Cervello di Boltzmann, diventando di sola luce e facendomi attraversare da Loro, per poi farli sparire dall'Ologramma. Tutto ciò che accade, accade necessariamente per delle cause che hanno altre cause, fino alla concatenazione di ciò che necessariamente si produce, ovvero l'esistenza. E talvolta, abbiamo visto, anche la possibilità più remota di tutte, appunto il Cervello di Boltzmann. Senza il divenire è impossibile astrattamente qualcosa il cui Non Essere è impossibile, cioè l'Essere, ed è anche impossibile astrattamente qualcosa il cui Essere è impossibile».

Faith, totalmente confusa (come immagino i lettori), dice – «Credo di aver perso il filo, forse la parola non può descrivere qualcosa di alieno ad essa, né può far capire agli altri le cose sensibili. Non può nemmeno essere pensata da due individui la stessa cosa, poiché ognuno avrebbe differenti percezioni dall'altro» – e ride. Trovandoci totalmente d'accordo con lei, le riassumo però il nostro punto – «Ciò che diventa reale è stato possibile grazie a delle cause, quindi, tutto ciò che è reale è anche necessario che esista.» – e mi chiede dubbiosa – «Ma se l'Essere e il Non Essere costituiscono una identità, allora l'Essere *è* il Non Essere, e anche (quindi), il Non Essere *è* Essere. Se invece sono separati tra di loro, come ci è stato mostrato sotto la frase della casa abbandonata, **... E-NE-E ...**, non sarebbe una identità, ma una antitesi tra uno e l'altro, e dunque l'Essere *non è* Non Essere, e quindi il Non Essere *è* Essere. Ma se levi da una cosa tutte le proprietà, se togli la forma, resta il Nulla. L'esistenza nasce quindi dall'insieme delle proprietà. Il mondo non è forse un insieme di dati che si combinano, proprio come l'Ologramma? Ma esistono i numeri? O esistono solo dalla loro relazione?».

Mi ritrovo con un nuovo dilemma – «Esistono i numeri, e solo i numeri, perché tutto quanto è particelle, che sono campi, che sono numeri, che sono equazioni, dati, probabilità e leggi fisiche». Il maestro mi interrompe – «Oppure, ragazzi, niente di tutto questo. Forse l'esistenza... Forse l'esistenza... Forse l'esistenza...» –

ripete dando enfasi alla conversazione, facendo innamorare l'allievo del maestro – «È data solo da ciò che è percepito, misurato e pensato. Solo il soggetto, solo l'ego, esiste. L'ego è l'Essere, ma non scende nella natura delle cose».

Rimango di nuovo senza spiegazione, e interessato dico – «Forse hai ragione. Forse l'Essere è solo l'ego» – rimembrando il mio solipsismo iniziale. Ma lui mi sorride dandomi una pacca sulla spalla, e andando verso il suo letto si sdraia accanto al cane – «Un giorno ti mostrerò come ti sbagli di grosso anche su questo».

Io e Faith ci sdraiamo, unendo le gambe e guardandoci negli occhi, finché lei non crolla dal sonno, guardando i miei occhi sorridenti e il cielo stellato sopra di noi. Accanto al fuoco, la copro con una pelliccia di capra – «È speciale davvero» – dice Santiago – «Non fartela scappare mai.».

Le accarezzo i capelli, amandola nella notte.

Capitolo 19: Morte dell'Ego

Terra, un anno dalla caduta.

La mia mente ricorda una frase che ha detto Santiago: «E se esistessero degli errori del sistema? Se assumendoli nel nostro organismo più semplice ci permettessero di uscire dalla simulazione, dalla certezza che abbiamo dell'Ego, fino alla sua dissolvenza?»

Lui sta preparando in un mortaio di legno uno strano liquido marrone. "Il vino dell'anima" lo chiama – «È per guarirvi. È quello che volevate. Nessuno ha mai parlato di queste cose, ma ci sono stati migliaia di test anche sugli esseri umani, all'inizio con un buon intento, ma poi la cosa è degenerata. Con questo hanno provato a controllare la mente degli uomini, fallendo ovviamente, perché come gli astronauti non possono rimanere nello spazio, allo stesso modo anche gli psiconauti devono tornare alla realtà, facendo ritorno alla Terra. L'uomo è capace di secernere questa sostanza nel suo cervello, producendola dalla ghiandola pineale, e attivando i sogni. Ma non solo l'uomo. È presente in quasi tutti gli esseri viventi».

Io ero riuscito ad accedere a tale sostanza senza comprarla, perché la mia materia grigia l'aveva prodotta nelle diverse notti in cui avevo sognato. Nella società del Padre era un privilegio persino sognare, perfino astrarre, fino ad arrivare a pagare e rischiare di essere osservati dalla Macchina, venendo etichettati come peccatori per sempre per non aver donato quei sogni.

Energia anche quella? – «Si genera durante la fase REM, oppure semplicemente imparando a respirare in alcuni modi particolari, ma gli enzimi del sistema nervoso tendono a distruggerla molto velocemente. Ecco perché è più comodo estrarla.» – dice il maestro, che ora sembra si sia fatto medico, da che era filosofo. Svuotando una beuta di vetro nel mortaio, finisce di girare con il pestello e viene verso di noi, che siamo seduti sulle foglie ad aspettare il rito. Ci versa addosso una secchiata di acqua gelida, con dentro alcune foglie di *chacruna*[25], da cui ha estratto il 'vino'. Dice che avrebbe allontanato i cattivi spiriti. Ha l'aspetto di un antico sciamano.

Dose iniziale: 50 ml.

Santiago ci porge due tazzine in legno, piene del liquido marrone.

Trenta minuti per l'effetto. Durata di due ore.

«Tutta d'un fiato» – dice il maestro, e la beviamo.

Sa di terra, ma è molto buona, dolce.

Più passa il tempo, più il mio cuore batte quasi uscendo dal mio petto (lo percepisco così), e la ᛞ ᛗ ᛏ inizia a scorrermi nel sangue, arrivando lentamente al cervello. Non c'è ritorno indietro. Me lo ripeto nella testa per darmi coraggio. Ora potevamo e dovevamo andare solo avanti. Passano tredici minuti, e Santiago canta una canzone dalle lunghe note profonde. Ci aiuta ad attraversare il luminoso e vibrante tunnel che vediamo.

39 minuti.

Siamo sdraiati con gli occhi chiusi. L'immaginazione, già vivida di mio, inizia ad essere "vera". Le immagini sono completamente sotto il mio controllo.

1 ora 52 minuti.

Santiago accende un fuoco. Io scorgo un bisonte tra gli alberi, e riesco a creare il caos con l'immaginazione. Le cose respirano come un'unica onda, un *Unicum* che avvolge tutto quanto, un'unica frequenza. L'uni-verso, la poesia, il canto universale nella sua unità, nella sua consapevolezza. L'Ego mi teneva separato dall'umanità, e mi aveva spinto alla mia alienazione. Capisco questo di me. Manipolo la realtà attraverso il lobo frontale, con un fascio che si dirige verso la mia ghiandola pineale. Quando si pensa qualcosa si ha un'immagine, ma è come sbavata con il dito bagnato di saliva. Sotto l'effetto del 'vino', invece, tutto cambia. I dettagli sono già presenti nell'immagine e posso interagire addirittura con essi. Sembra un sogno diurno. La mente è chiara. Sono nel momento, e più incline al mistico pensiero.

«Ora il completamento» – sento un'eco, la voce di Santiago, parlare.

Dose finale: 185 ml.

Ci porge due tazze in legno più grandi. Vedo la mia immagine riflessa nel liquido, ma sembra specchiata, simmetrica, e piena di ghirigori.

Dieci minuti per l'effetto. Durata di quattro ore.

Prima di berla, Santiago fuma un sigaro fatto con le sue piante di tabacco. Avrebbe pulito la negatività.

12 minuti.

Sento l'eco che respira, come fossi in mezzo a milioni di statue che meditano vibrando. Tutto risuona della frequenza dell'esistenza. Poi, tutto inizia ad accelerare, finché non esco dal mio corpo e vedo me fuori da me stesso, sentendo la vibrazione in modo diverso, come quando si trascina la punta di un bastone nell'acqua e non si vedono più i cerchi concentrici. Tachicardico, tutto è amplificato. «Sto bene» – ripete Faith, per evitare la paranoia e la paura – «Non sto morendo, e tutti qui possono aiutarmi» – le stringo la mano per farla sentire al sicuro, e la sua pelle morbida vibra di amore.

40 minuti.

Le visioni sono più vivide che mai. Discendo.

2 ore.

Devo guarire da me stesso, devo essere meno egoista.

Viaggio nei mondi onirici e matematici, mi sento in un grafico di una funzione.

2 ore e venti minuti.

La mia intera gamma di emozioni sul mondo è cambiata radicalmente. Mi sento trasformato, cambiato.

2 ore e 35 minuti.

Santiago sta cantando una canzone che sembra fluire ad una sola frequenza. È bellissima. Vedo Faith toccare sfere di energia intorno a lei, quasi muovendole nell'aria oscura e nera. La vedo come un folletto grigio, e si trasforma in fumo quando ne raggiunge una con la mano, trasformarsi poi in un liquido simile all'ossidiana, prendendo la forma di una crisalide e poi in una falena, che vola in una cascata di stelle nel cielo. Lo scorrere della luce si concentra in un cristallo di ametista trasparente, in cui vedo l'equilibrio del mondo, in cui vedo miliardi di altri cristalli simili.

3 ore 25 minuti.

Ho paura di star scomparendo, ma il mio Ego è tosto da sconfiggere, e la dose presa forse non basta. Lo riferisco a Santiago – «Ho un'ultima cura, altrimenti non so cos'altro fare». Prende una bottiglietta piccola in vetro, ornata da alcune conchiglie, e sul fondo bucato la riempie di una polvere giallastra, mentre io e lei siamo euforici.

È la **ᛞ ᛗ ᛏ**, non diluita in un vino, ma pura e cristallizzata. «Davanti a te» – sento una voce. Vedo delle sfere nere, che si ingrandiscono e poi rimpiccioliscono, scomparendo e lasciando spazio al bianco – «Non è solo una strana idea, qualcosa di illusorio, è solo così che stanno le cose» – e prendo la bottiglia, che sembra una piccola ampolla – «Tre tiri. Più forti che puoi. Qualunque cosa succeda, non fermarti al primo o al secondo.» – dice – «Non vi spaventate, sarà come attraversare delle sale, e i muri saranno i colori».

Prima io, poi Faith.

Primo tiro. È strano. Tutto lentamente inizia a diventare confuso. Riesco a sentire i suoni lontani, e le cose che normalmente non sono interessanti ora lo sono. Tutto sembra connesso da qualcosa, e mi muovo come un osservatore. Il volto di Santiago si fa vivido e simmetrico, come quello di Faith, che è però lucente e attraversato da stelle cadenti. I 'muri' intorno alla mia visuale iniziano a sciogliersi. La non vista si fa vista, mentre la vista si fa non vista.

Secondo tiro, Faith mi dice sogghignando che si è trasformata in un disegno e che sembra fatta di scritte, e io invece sento l'universo agitarsi. Sembra di stare dentro un *tesseract*[26], o uno spazio iperbolico, in una dimensione metafisica e impossibile da realizzare. Tutto sembra armonico, bellissimo, e caldo, finché non sento parole di paura – «Non fare l'ultimo tiro».

Panico. I miei pensieri sembrano avere vita propria, e inizio a domandarmi che cosa stia accadendo – «Il tuo corpo si sta intossicando. Non va bene. Non farlo. Lo senti anche tu che tutto questo non va bene. Hai fatto un errore. Fermati.» – e mi agito, alzandomi in piedi e stringendomi le braccia. La paura che mi accompagna da sempre ora si sta rivoltando contro di me. Santiago mi vede e si avvicina – «È solo il tuo Ego che parla. Ha paura di morire, ma tu non ascoltarlo. Rilassati, e andrà tutto bene! La dissolvenza che subirai darà il totale abbandono dai costumi e le politiche che ci hanno costruito intorno. Scaccerà via la menzogna. L'ego non è una cosa buona, è il sintomo di una nevrosi. Gli psichedelici lo dissolvono, ma lui protesta e si chiede perché tutto questo stia avvenendo. Perché le persone sono dipendenti da esso, e non gli piace la sensazione della perdita del controllo. Ma tu, invece, ti devi arrendere.» – e Faith, dopo il terzo tiro, mi dice abbracciandomi – «Ha ragione, arrenditi» – in un gemito quasi sessuale. Così, subito prendo l'ampolla in mano e avvicino il bastone infuocato alla fessura.

Terzo tiro.

Phiuuuuuuuuuuuuum. Sento una campana tibetana suonare. Allontanando la bottiglietta dalla bocca, sembro allontanarmi da essa all'infinito, come ancora attaccato, ma distante, raggiungendo poi un luogo totalmente nero.

Il suono della campana sembra diventare sempre più forte, e attraverso l'oscurità. Tutto svanisce nel nulla. Tutto quello che conoscevo, è scomparso. Provo benessere, pace, e inizio a sentirmi come galleggiante su un oceano di cui non vedo la fine. Si aprono dei colori circolari, e sembro attraversare delle dimensioni. Vedo ologrammi, vedo computer, e geometrie frattali. Degli occhi mi circondano, sembrano fissarmi. Poi capisco che è il mio occhio ad essere ovunque, e che sta guardando sé stesso. Diventa uno solo all'interno di una piramide, e la base su cui poggia si capovolge, il potere si ribalta. Scorro attraverso dei volti, delle sale, apro delle porte e vedo alcune sfere, degli esseri di sola energia che si avvicinano a me. Non dicono parole, ma è come se costruissero qualcosa con le mani, muovendo blocchi quadridimensionali.

Io non so dire come ci entrai, ma qualcosa, forse il tuo fiore dai mille petali azzurri e bianchi di luce, mi mostrò il percorso. Salgo, e più salgo, più vedo.

Alcuni mi prendono in giro, altri sorridono, altri mi fanno il medio, finché uno di loro si avvicina e "dice" – «Tranquillo, va tutto bene». Sono preda della curiosità, e lui mi precede "chiedendomi" – «Vuoi vedere?» – in strani suoni onomatopeici. Mi prende per mano, e mi porta da un'altra parte, allontanandoci da tutte le altre sfere, che da lontano mi salutano. Lì, vedo. È la corda della ragnatela cosmica. Vedo il mio nodo, e avvicinandomi vi scorgo anche i grovigli degli altri. I Fratelli.

È la coscienza collettiva degli esseri umani e degli esseri viventi. Enormi cristalli singoli, a punta verso il basso, che galleggiano solenni e purpurei, scarlatti, dentro delle sfere blu. Sono trasparenti e pulsano come cerchi, oscillando sulla superficie delle sfere. Su ogni polo di ogni piccola coscienza, due turbini, una scarlatta, una dorata, girano vorticosamente ad un 'sopra ' e ad un 'sotto', formando degli archi prima a tutto sesto, poi a sesto acuto, e infine, incrociandosi, a volta. Lì, vedo tutta la rete.

«*Wyrd*», sento, e sciolgo il mio singolo piccolo nodo. Così, infine, mi libero di me stesso, e continuo a salire, scorgendo il Grande Disegno, l'Eterno Fato Infinito.

Dopodiché, mi porta di fronte a corridoi con volti, con maschere. Porte, archi, persone che mi fissano. Mi indica due figure, e le raggiungiamo insieme. Queste sono completamente illuminate, una di nero, e una di bianco. Quella chiara, mi abbraccia, e la riconosco: è mia madre. La vibrazione che emana mi avvolge completamente, e tutto in lei sembra dolce. L'altra figura, invece, non fa nulla. Si limita a fissarmi, finché non la abbraccio io, facendola diventare luminosa e aderente allo sfondo che ci circonda. Sento l'amore e la coscienza.

Poi, abbandono la sfera che mi accompagna, e discendo nel tangibile vuoto. Perso nell'oscurità, arrivo ad una parete d'acqua, che è attraversata da onde circolari. È la mia anima, e la sento.

«La ᛞ ᛗ ᛏ è simile alla serotonina. Sono come neurotrasmettitori. Nei fossili, nelle caverne, possiamo vedere come gli umani abbiamo iniziato a consumare psichedelici per migliaia di anni. Come credete sia nata la coscienza? È questo che volevano da noi. Questo voleva il Padre, perché la nostra coscienza è tutta la nostra energia. Perché credete che esistano nella loro cultura gli angeli, oppure i demoni, o le bestie? Perché le persone che si svegliano da un coma o quelle che 'miracolosamente' tornano in vita, affermano di aver visto quello che state vedendo voi ora? I vostri genitori, tutti, e tutto, sono con voi sempre.» – e Santiago ha ragione, riesco a vederli – «È la molecola dello spirito collettivo delle coscienze, la più forte in assoluto. La Terra, gli umani, sono serviti come serbatoio. Uomini, animali, piante, funghi. Le chiese hanno utilizzato incensi con questa sostanza per centinaia di anni, così da avvicinare tutti nelle allucinazioni collettive, spacciate per idee del 'vero'. Ancor prima, uomini e donne oracoli si mettevano sopra delle spaccature naturali da cui usciva gas, e raccontavano quello che vedevano dall'altra parte. I templi, le vetrate, l'arte, tutto, fu costruito con l'intento di copiare il mondo dove si andava. Tutto questo era la ricerca del **soma della vita**. E non stavano mentendo. Il Padre è davvero venuto a parlare agli uomini in un cespuglio in fiamme.» – e vedo proprio quei cespugli, vedo le piante che posseggono il sapere. Sento le voci che mi parlano – «Figlio, colui che è disceso sulla Terra con le ali, proviene da una parola antica che vuol dire "fungo coperto dal seme del Padre". La pioggia era per gli antichi positiva, era il seme, ed i funghi comparivano quasi istantaneamente. Mangiandoli, videro il Padre, quindi il Figlio dovevano essere i funghi. Ma era un segreto che andava custodito alle altre popolazioni, e per evitare che lo scoprissero, criptarono le informazioni, scrissero miti, disegnarono iconografie, simboli, e si raccontarono storie. Così iniziò il linguaggio. Così è nata la coscienza.» – e da qui, l'ultima cosa che vedo sono occhi che girano intorno a me, all'interno di un triangolo in una sfera, in un quadrato. Vedo i blocchi creativi dell'universo: sono l'amore e la coscienza, posti su una bilancia.

«Il nostro universo è stato creato per la coscienza, così che possa essere consapevole di sé stessa». La connettività aumenta sempre di più, la mia immaginazione è sempre più ricca, e più reale del reale stesso. Stava avvenendo quella che si chiama Disintegrazione Momentanea del *Default Mode Network*[27]. Quando sarei tornato dal trip, avrei avuto un reset completo del mio ego. Prima di scomparire del tutto, però, ricordo le parole del maestro – «Non ci sarete finché non tornerete indietro. Non si può raccontare una storia senza tempo, luogo o personaggi, ed è proprio per questo che non sarete in grado di raccontare quasi niente di quello che vedrete, perché non ci sarà nessuna di queste cose. Sarà come prima del Big Bang, sarete pura energia, senza alcuna massa. Il vostro Ego, e tutto quanto, scomparirà».

Ultimo Capitolo: *Ansuz*

Quale sembra la ragione per la quale io esisto? Quando ci troviamo bene con noi stessi? È questo che è l’amore, l’unica ragione per cui siamo qui? Per esserne coscienti?

Faith esclama – «Posso letteralmente vedere i colori ad occhi chiusi, come se non li avessi mai visti in vita mia. Sembra quasi siano una cosa materiale. Vedo la luce delle stelle riflettersi in me ed è molto carino» – con le braccia immobili, e lentamente intona delle parole che sembrano una oscillazione rilassante – «Il rumore delle foglie, e degli alberi, è affascinante. Sembra il mondo delle fate, degli elfi, e dei folletti. Mi viene da ridere come non mai» – e scoppia in una risata isterica, coprendosi con la mano, guardandomi – «Sei un folletto! Sei così leggero!». Io le sorrido, perché ha ragione, e guardandomi le mani affermo – «Siamo in questi corpi, ed essi muoiono, ma non sono realmente i nostri corpi. Sono più delle tute spaziali!». Lei mi dice che non sente più il suo, ma che camminare a piedi nudi sulle foglie secche, e sulla terra morbida – «... Mi fa sentire un fascio di energia, che mi attraversa e arriva dal cielo verso la Terra».

«Riesco a sentire le vibrazioni degli atomi tra l’aria e la mia pelle. Credo abbia senso» – dico. Il tronco dove siamo seduti è caduto, ma la sua coscienza non è morta, è solo andato via in un’altra dimensione, in un altro piano. Tutto sembra parte di me, ed io sembro parte del Tutto. Poi, vedo rune incise sulle rocce, sui tronchi, nelle nuvole, che brillano di blu e sono tantissime. Simboli potenti che operano i significati della creazione ingenerata. Chi sono io? Ci deve essere dell'altro. Sono niente senza tutto il resto, e non me ne ero mai reso conto. Tutto era propaganda, schermi, stronzate, e ci ha sporcato la mente. Mi hanno fatto pensare a cose di cui non avevo bisogno e mi hanno tolto il potere che possedevo. Realizzo: sono parte di qualcosa di più grande del mio corpo, e più grande del mio io, più importante di quello che è Dio. La mia mente è immersa nell'ambiente in cui vivo, e ne fa parte. Per questo ora sto così bene. C'è una connessione tra me e tutte le cose. Categorizziamo persino noi stessi pur di sentirci parte di un'illusione. Quanto il pensiero è stato fallace finora. Quanto è stato la causa di ogni sofferenza. Chi si rende conto che sto pensando? E diamine, quanto mi sento libero da me stesso, da tutto quello che ho sempre creduto.

Gli occhi di Faith sono pieni di lacrime, eppure sembra felicissima. Le stava accadendo quello che in pochi minuti sarebbe accaduto a me: la disgregazione della coscienza nella dimensione della creazione stessa – «È da dove veniamo, ed è dove andremo» – ripete il maestro, e ci chiede se crediamo in ciò – «Crediamo» – ripetiamo noi.

Entrambi, ora, ci troviamo dove tutto esiste simultaneamente. Siamo qualunque cosa vogliamo essere, e andiamo in qualunque luogo vogliamo andare. La mia identità è inutile. Ora posso esplorare l'universo con la mente, perché essa stessa è l'universo. Esisto oltre, e sono coscienza pura. Lentamente, implodo di ogni senso, e la paura mi prende, finché Faith non si avvicina al mio orecchio, dicendomi – «Tu, al livello più profondo, sei l'Universo in forma umana.» – e con questa frase, il desiderio di conoscere presente in me viene soddisfatto proprio attraverso la luce, cioè l'oggetto della mia conoscenza, che si rivela a me in una cometa, trasformandosi in una runa:

ᚨ

Ansuz. Dio ancestrale, magia, parola, morte, padre cosmico, saggezza, segreto, conoscenza, potere, rinascita fisica e spirituale, estasi sciamanica. Diventavo sapiente e prospero. Parola da parola mi dava parole. Azione da azione mi dava azioni. Comprensione, comunicazione, segnale, vera visione, nomi, verità, messaggio rivelatore. E questa non la chiamo coincidenza. Questo è il fiore della mia vita, un lampo veloce nella mia buia solitudine, che sboccia una volta sola per mai più riaprirsi, lasciando cadere i petali come comete nella buia notte, illuminandomi.

Questo è il divenire.

Questo è il mio Eterno Fato Infinito.

Nulla fu, nulla sarà, tutto è, tutto ha realtà e presenza.

Le rune non prevedono il futuro, ma forniscono il modo di analizzare il percorso sul quale ci troviamo, e il suo probabile risultato, poiché non è fisso. Può essere cambiato dalle nostre azioni positive o negative, in ogni cosa che facciamo. Per questo ti ho lasciato quel messaggio. Dalla cometa mi è stato mostrato il mio percorso, e c'eri tu.

Non lo so perché, ma c'eri tu.

La voce nella mia testa è sparita, e in quel momento il mio pensiero muore. Mi mancano le forze. La ruota di amore dentro di me ora gira senza alterazioni, non facendo più parte degli influssi terreni. Nascono nuove stelle, perché esse sono le anime immortali ormai libere dal corpo. Noi siamo quelle stelle, che da danzanti esplodono in supernove, con una forza infinita verso l'esterno, e implodono in buchi neri, con una forza infinita verso l'interno. Diventiamo singolarità. Noi siamo il processo. Nati dal nulla, siamo, ed è ciclico. Le cose ci vengono incontro e ci condizionano, ma non siamo come animali, non siamo marionette mosse dalla mano della Natura, o strumenti della Macchina o del Padre. Siamo solo marionette senza fili che prendono vita da sole. Paradossi viventi. Non è tutto già prestabilito, ma allo stesso tempo sta divenendo, nell'eterno istante.

Le cose che avvengono è necessario che avvengano perché sono cause di altre cause. Possiamo modificare le cose, possiamo agire, perché abbiamo coscienza, e questo ci illude di un totale libero arbitrio, ma siamo anche su un percorso che è già avvenuto infinite volte! Siamo il divenire, il processo che sta avvenendo da sempre. Noi siamo Dio, ciò che è tra l'Essere ed il Nulla – «Io non sono parte di una storia, ma l'esecutore di un *fato*. Le verità sono solo illusioni di cui si è dimenticata la natura. Necessari e reali sono solo la coscienza e l'amore». L'Universo comunica costantemente con te, non solo nella forma di altri esseri umani o messaggi che ti arrivano, ma tutti noi agiamo come messaggeri per esso. C'è una lezione da trovare in ogni momento ed in ogni interazione che hai con il mondo, nel momento stesso, nell'esperienza della vita.

E il primo segnale di tutto questo, è ritrovarsi in schemi che si ripetono. Trovarsi a confrontare lo stesso modello, lo stesso tipo di situazione. Questo è l'universo che ti sta dicendo di esaminare le cose da un'altra prospettiva e di continuare finché non impari una lezione. Bisogna vedere quali schemi continuano a manifestarsi di fronte a noi, e quali no. Questa è la sincronicità, che arriva quando poni la tua attenzione a quei pattern, quando non reagisci più ad essi ma incominci ad osservarli. Se ciò avviene, vuol dire che ti trovi nel giusto percorso, quello al quale sei stato chiamato. Se tutti i punti si uniscono, il caos si trasforma in ordine, lo stesso che puoi vedere nel sincretismo universale, nella Natura.

L'universo comunica con noi attraverso i simboli, e noi siamo quei simboli. Ti prova che sta facendo qualcosa, che non è solo caotico. Il caos non ha uno schema. Noi siamo la Natura che si è resa conto di sé stessa, e anche il pensiero segue lo stesso modello.

Questo è tutto quello che ho capito.

Santiago, essendo quasi tutto finito, ci ha voluto lasciare soli. È andato nell'orto a raccogliere alcune piante e a curarlo. Faith è accanto a me, e osserva il bosco, sentendo il rumore delle onde lontane. Mi avvicino a lei e la bacio sul collo, facendola prendere da un brivido. La prendo sul fianco, stringendo e facendola ansimare. Ha gli occhi illuminati dal sole del mattino. Ci sfioriamo con le dita, ci svestiamo, respiriamo, e i nostri respiri si uniscono in baci. Mi graffia la schiena con forza. Più mi fa male, più io la prendo fortemente. È rivoluzione. È caos. L'unione è il nostro respiro di libertà, dopo finalmente troppo tempo ad aspettare. Il rumore del vento echeggia, e noi voliamo sotto la luce dell'alba. Esplodendo di tremori e suoni, mi mette le braccia sulle spalle e ci baciamo a occhi chiusi. Mi guarda, appoggia la fronte sulla mia, e dice – «Quindi, è per sempre?» – «Si, in eterno».

Siamo in giro per la foresta. Tutto è così diverso ora. È tutto più nitido. Sento il fuoco silenzioso. Ora è Tutto. Il mio pensiero, da che era proibito, e poi possibile, ora non è più necessario.

Torniamo alla capanna, vicino l'orto, ma di Santiago non c'è l'ombra – «Spero non si sia perso» – dice – «Ci aveva assicurato che sarebbe stato qui» – mi preoccupo in un modo diverso dal solito. Il cane ci viene incontro, scodinzolando. Rimaniamo di sasso, e con la brezza marina che entra nei capelli, controlliamo in tutta la casa. Scriviamo con il carbone su una pietra "Siamo nel bosco a cercarti. Non ti muovere da qui", e subito ci addentriamo con il cane tra gli alberi, che traccia il suo odore finché non mette la coda fra le zampe, piangendo.

Davanti a noi, Santiago è a terra. Faith quasi urla e si rannicchia su sé stessa, mentre io la abbraccio più forte che posso, e una lacrima tocca il terreno. Bolle ricoprono tutto il suo viso sulle braccia e sul petto. Quasi singhiozzando, ci avviciniamo. «Non potevamo farci niente» – dico.

Giant hogweed[28], è una pianta molto alta e molto pericolosa. Strappando una radice, deve essergli andato addosso, e l'intero stelo alto cinque metri è caduto, iniziando la reazione chimica sulla sua pelle. Bruciature di terzo grado da una componente che si chiama *psoralene*: per effetto dei raggi UV, essa è in grado di legarsi a ponte fra due timine, inducendo ad errori di replicazione del DNA delle cellule colpite e provocandone la morte. L'unica soluzione per evitare che le radiazioni colpiscano ulteriormente l'organismo è una bolla d'acqua di grandi dimensioni, e Santiago ne era ricoperto.

Un momento prima avevamo con noi un amico, un fratello, un maestro, e quello dopo non c'era più. È così che accade, ed è così che deve accadere. Cadiamo entrambi muti, mentre trasportiamo il corpo verso il mare, e creiamo una pira di legna, circondata da massi tutt'attorno. Per affrontare il distacco, piangiamo.

Il corpo viene poggiato sopra, e noi gli diamo un ultimo saluto, posando un sasso sui suoi occhi. Faith è in lacrime. Io, invece, non ringrazierò mai tanto l'universo per avermelo fatto incontrare. La pira viene accesa. Santiago torna ad essere parte del Tutto.

Ricordo le ultime parole che ci ha detto, con Faith che mi tiene la mano – «Appena siete nati, avete subito l'Ologramma, perché il trauma della nascita è il primo vero atto di angoscia. È il processo di individuazione, e per questo fu eliminato dal Padre, per questo sta succedendo tutto questo adesso. È per salvarvi dalla pazzia di non essere mai nati affatto. In questo modo, il Padre fa sì che sulla Terra l'uomo non torni mai più ad essere come era stato in passato. È la vendetta della Macchina nei confronti della Natura».

Ero a terra, e avevo incontrato l'Essere che non apparteneva ad alcun luogo, perché abitante di tutti senza risolversi in alcuno di essi.

Vedendo la runa, pensai

«È ciò che io farei infinite volte?»

...

«Così volli che fosse. Perché questo è il mio fato, il mio percorso infinito»

E in completa estasi, l'avevo afferrata, in pieno abbandono di corpo, mente e anima nelle mani di Dio.

Dissolvenza.

Non è che questa la morte dell'Ego. Tutta la spiritualità non è che la paranoia di un mondo ultraterreno plasmato dalla ᛞ ᛗ ᛏ. Tutta la memoria dell'estasi è fallace, tanto è forte l'esperienza. Somma luce, le parole devono farsi alte ed elevate per descrivere ciò che si è visto, sentito, percepito, pensato e provato. Avvenne il superamento dei confini, per scoprire il vero nei tre frattali. Il perfetto, l'irrazionale, la cometa. Più la vedevo, più vedevo me stesso trasformarsi in luce. Più la vedevo, più tutto il resto sembrava imperfetto.

«Tu puoi fare tutto».

Capii l'onniscienza con l'intelletto che l'onniscienza mi diede. L'amore che muoveva gli ammassi di ghiaccio e polvere.

Puoi vedermi qui, in questo mare irrequieto e mai stanco.

FINE.

Note

[1]*Chanterelle*: il cantharellus cibarius (volgarmente gallinaccio) è uno dei funghi più conosciuti e apprezzati.

[2]*Charcloth*: materiale utilizzato nella fabbricazione del fuoco, convertito tramite pirolisi in un combustibile a combustione lenta con una temperatura di accensione molto bassa.

[3]*Fiddleheads*: chiamate anche "teste di violino" o "verdi di violino", sono le fronde accartocciate di una giovane felce.

[4]*Macrolepiota procera*: chiamata "mazza di tamburo", è un fungo basidiomicete della famiglia Agaricaceae.

[5]*Daldinia concentrica*: è un fungo ascomicete formato da multipli corpi globosi di colore bruno– rossiccio.

[6]*Agaricus bisporus*: chiamato "prataiolo" o più comunemente "champignon", è un fungo basidiomicete della famiglia Agaricaceae.

[7]*Calvatia gigantea*: è un fungo appartenente alla famiglia Agaricaceae, subgluboso, che può raggiungere anche il metro di diametro e i 20 chili di peso.

[8]*Agaricus arvensis*: chiamato "prataiolo maggiore", è un fungo appartenente alla famiglia delle Agaricaceae.

[9]*Lycoperdon perlatum*: è un fungo appartenente alla famiglia delle Agaricaceae, riconoscibile per la gleba spinosa, o per la sporata marrone.

[10]*Lacrymaria lacrimabunda*: è una specie di fungo della famiglia delle Psathyrellaceae. Si trova in Nord America, America Centrale, Europa, Asia settentrionale e Nuova Zelanda. Il nome fa riferimento alle spore, che sono come goccioline scure.

[11]*Russula*: è un genere che comprende più di 750 specie di funghi basidiomiceti leucosporei, terricoli, simbionti, micorrizici.

[12]*Lactifluorum di hypomyces*: contrariamente al suo nome comune, non è un fungo, ma un parassita ascomiceto che cresce su alcune specie di funghi, trasformandoli in un colore arancione rossastro, che ricorda l'esterno di una aragosta cotta. Attacca i membri di generi Lactarius, Lactifluus e Russula, e appartiene alla famiglia delle Hypocreaceae.

[13]*Birchsap*: la linfa di betulla è una bevanda tradizionale nelle regioni boreali ed emiboreali dell'emisfero settentrionale, ed in alcune parti della Cina settentrionale.

[14]*Psilocybe cubensis*: noto anche come “San Isidro” in Messico, è un fungo basidiomicete della famiglia delle Strophariaceae. È un fungo psichedelico che contiene psilocibina, una triptammina psichedelica.

[15]*Entanglement quantistico*: è un fenomeno quantistico per cui in determinate condizioni due o più sistemi fisici rappresentano sottoinsiemi di un sistema più ampio, il cui stato quantico non è descrivibile singolarmente, ma solo come sovrapposizione di più stati. Da ciò consegue che la misura di un’osservabile di un sistema determini simultaneamente il valore anche per gli altri. Fu introdotto da Erwin Schröedinger nel 1935.

[16]*Amanita muscaria*: chiamato “ovolo malefico”, è uno dei funghi più comunemente conosciuti, psicoattivo e appariscente, appartenente alla famiglia delle Amanitaceae.

[17]*Sonirem*: è un composto ipnotico non benzodiazepinico appartenente alla famiglia delle imidazopiridine, indicato nel trattamento a breve termine dell’insonnia.

[18]*ἀτοπία*: dal greco, significa “fuori posto”, “speciale”, “insolito”, “fuori luogo”.

[19]*οἶδα*: dal greco, significa sia “ho visto”, che “io so”.

[20]*ὕβρις*: dal greco, è il topos della tragedia e letteratura greca, e significa letteralmente “tracotanza”, “eccesso”, “superbia”, “orgoglio”, “prevaricazione”.

[21]*Principio di Non Contraddizione*: nella logica classica, il principio afferma la falsità di ogni proposizione implicante che una certa proposizione A e la sua negazione, cioè la proposizione non-A, siano entrambe vere allo stesso tempo e nello stesso modo. Secondo le parole di Aristotele: "È impossibile che il medesimo attributo, nel medesimo tempo, appartenga e non appartenga al medesimo oggetto e sotto il medesimo riguardo".

[22]*Sincretismo*: in filosofia l'universalismo si può riferire ad ogni concezione che ritenga gli individui e le parti come esistenti all'interno di una complessità omogenea e che quindi il singolo o il particolare si realizzi solo in rapporto con il tutto. Nell'ambito della morale, l'universalismo si può riportare a quell'atteggiamento tendente a superare la concezione particolare di ogni questione o di qualsivoglia problema (particolarismo) ricercandone una soluzione da un punto di vista universale, condivisa da tutti. Il significato del termine si avvicina in questo caso ad una concezione filosofica vicina al dialogo socratico e, in senso più ampio, alla filosofia in sé come dottrina orientata da sempre alla ricerca della verità condivisa tramite il confronto tra tutti gli individui con ciò che tutti li accomuna e li rende uguali: la ragione universale.

[23]*Principio di Casualità*: nella storia della filosofia, nella scienza e nel senso comune, il concetto di causa assieme a quello connesso di causalità o relazione causale indica la relazione tra due fenomeni (o classi di fenomeni), nel

caso in cui il primo fenomeno, detto causa, è motivo di esistenza del secondo, detto effetto. La causa è il motivo per il quale qualcosa è, ed è così come è.

[24]*Principio di Ragion Sufficiente*: Leibniz identifica il principio di ragion sufficiente quello secondo il quale per colui che conosca abbastanza bene le cose, si può dare una ragione che da sola sia sufficiente a spiegare una realtà di fatto. Immanuel Kant affermerà che il principio di ragion sufficiente può spiegare parzialmente il fatto ma «non produce la verità». Schopenhauer riprenderà la definizione di Christian Wolff sul principio di ragione sufficiente: «Niente esiste senza una ragione sufficiente per cui esista invece di non esistere».

[25]*Chacruna*: denominazione per la psychotria viridis, una pianta appartenente alla famiglia delle Rubiaceae, famosa per le sue elevate quantità di alcaloidi psicoattivi, in particolare della dimetiltriptamina.

[26]*Tesseract*: ipercubo quadrimensionale con 32 lati, 24 facce quadrate e 8 iperfacce cubiche.

[27]*Default Mode Network*: nelle neuroscienze, chiamato sistema della condizione di default, è una rete cerebrale di grande scala di regioni cerebrali interagenti, note per avere attività altamente correlate tra dette regioni, e distinte da quelle di altre reti del cervello. Notoriamente è implicato in numerose funzioni apparentemente diverse. È la base neurologica del sé (informazioni autobiografiche: ricordi di raccolte di eventi e dati circa

il proprio sé; auto-referenza: fare riferimento ai tratti e alle descrizioni di sé stessi; emozioni di sé stessi: riflettere sul proprio stato emotivo), del pensiero riguardante altri (teoria della mente: pensare al pensiero degli altri e a cosa possono o non possono sapere; emozioni dell'altro: comprendere le emozioni di altre persone ed essere empatici con i loro sentimenti; ragionamento morale: determinare l'effetto giusto e ingiusto di un'azione; valutazioni sociali: giudizi di attitudine buono-cattivo su concetti sociali; categorie sociali: riflettere su importanti caratteristiche sociali e status di un gruppo), e per ricordare il passato e pensare al futuro (ricordare il passato: rievocare eventi avvenuti nel passato; immaginare il futuro: prevedere eventi che potrebbero accadere nel futuro; memoria episodica: memoria dettagliata riferita a eventi specifici nel tempo; comprensione del racconto: capire e ricordare una narrazione).

[28]*Giant hogweed*: pianta appartenente alla famiglia delle Apiaceae, anche chiamata “panace”.

www.ingramcontent.com/pod-product-compliance
Ingram Content Group UK Ltd.
Pitfield, Milton Keynes, MK11 3LW, UK
UKHW041855190726
13854UKWH00002B/920

9 791220 076746